第四卷 | 杰出女性专题

赤峰记忆

刘淑华　刘锦山　主编

《赤峰记忆》
编委会

主　任
黄　河

副主任
吴立新

主　编
刘淑华　刘锦山

编　委
黄　河　吴立新　薛　瑞　刘淑华　刘锦山　陈晓洁　方向灵　鞠红耘
乌云高娃　邢小兰　刘锦秀　周明璇　祁鹏莉　刘罡宇　张艳玲　刘剑英
罗显伟　陈　荣　刘　聪　杨玉婷　刘　敏　刘　帅　周　岚　白嘎力
李卫东　刘　昊　刘锦丽

速　写
刘　敏

"赤峰记忆"项目网站首页

杨立红

王兴贵

代钦

姚玉梅

汪耳琪

赵会杰

徐立立

王欣会

阿鲁科尔沁旗的蒙古族刺绣合作社

现代花木兰郭俊卿

刚参加工作时的巴达玛

2018年，翁牛特旗教育教学研究中心新教师入职培训

2017年赤峰市农业技术推广技术骨干培训会

小庙子村的绿色无公害蔬菜

2018年，徐立立参加在印度尼西亚雅加达举办的第三届亚洲残疾人运动会，获女子79公斤级举重项目金牌

赤峰市星之路自闭症儿童康复中心2020年的感统教室

目 录

前　言　001

杨立红：群芳辉映半边天　001
郭俊卿：现代木兰建奇功　022
巴达玛：瑞彩蹁跹爱草原　035
姚玉梅：桃李满园竞芳菲　066
汪耳琪：科技兴农惠万家　102
赵会杰：政策助农促发展　129
徐立立：身残志坚自强路　154
王欣会：大爱无疆暖人间　175

后　记　203

前言

习近平总书记高度重视文化遗产保护，指出"历史文化是城市的灵魂，要像爱惜自己的生命一样保护好城市历史文化遗产"。党的十八届五中全会提出了"构建中华优秀传统文化传承体系，加强文化遗产保护"的要求。2015年12月，国家图书馆牵头发出《全国图书馆界共同开展记忆资源抢救与建设倡议书》，提出图书馆应成为记忆资源的汇聚之地、创造之地和传承之地。而早在2012年，国家图书馆就已经启动了"中国记忆"工程建设。

2015年，在赤峰市文化新闻出版广电局（现赤峰市文化和旅游局）领导下，赤峰市图书馆开始组织实施赤峰历史文化遗产长期保存口述历史数字工程——"赤峰记忆"，旨在以赤峰名人口述影像资料为基础，通过数字技术等手段对赤峰市近百年来有重要价值的人物、事件进行深度挖掘保存，为区域文化保存和传承做出积极贡献。

在项目论证阶段，得到了赤峰市委宣传部、赤峰市文化新闻出版广电局（现赤峰市文化和旅游局）、赤峰市发展和改革委员会、赤峰市财政局等有关部门的大力支持，有关领导对"赤峰记忆"的宗旨、目标、摄制思路以及人物遴选原则都给予了很好的指导，使"赤峰记忆"立项之初就对标"世界记忆"与"中国记忆"，视野开阔，立意高远。立项之后，有关部门在项目资金方面给予很大的支持。

为使项目尽快推进，"赤峰记忆"项目采取与文化企业合作的方式，赤峰市图书馆发挥地方文献和人物遴选方面的优势，合作企业发挥技术优势，于2016年年初完成了第一期的招标工作，确定由北京碧虚文化有限公司承担项目的摄制工作，正式拉开"赤峰记忆"项目建设的序幕。为使"赤峰记忆"项目能够全面、切实反映和记录赤峰市多姿多彩的历史文化风采，建立了由赤峰市文化新闻出版广电局（现赤峰市文化和旅游局）领导担任顾问，赤峰市图书馆与合作公司人员担任制片、导演、监制、摄影、字幕、场务等职务的领导、生产组织体系；制定了《"赤峰记忆"人物遴选标准》和遴选程序，并由赤峰市文化新闻出版广电局（现赤峰市文化和旅游局）向各区（县、旗）文旅系统主管部门下发通知，开展"赤峰记忆"项目推进工作。

为取得良好的传播效果，项目组制定了详细的传播策略。在拍摄过程中通过各种新媒体进行宣传推广，提前预热，吸引人们观看，还剪辑精彩花絮进行传播推广。为适应不同媒体，取得良好传播效果，制作了演播室访谈片、演播室访谈精粹片、文化专题片等形式多样、时长不等的作品，并通过会议、展览、报刊、电视台、网站、即时通信软件和短视频平台等多种媒介渠道对"赤峰记忆"项目进行宣传推广。专门开设了"赤峰记忆"网站，读者可以通过该网站观看视频。2017年9月，赤峰市图书馆举办"赤峰记忆"发布仪式，向社会公众推广第一期文化专题的成果，引起很大反响。2021年春节期间，"赤峰记忆"第三期非物质文化遗产专题在赤峰市广播电视台播出，在社会上引发了新一轮有关"赤峰记忆"的讨论和追捧。

截至2022年4月，"赤峰记忆"已陆续完成了六期的摄制工作，分别是第一期"文化专题"，第二期"乌兰牧骑专题"，第三期"非物质文化遗产专题"，第四期"杰出女性专题"，第五期"图书馆专题"，第六期"文化旅游专题"，共对相关领域90多位人物进行了访谈，制作了320多集5700多分钟的视频资源。此外，还拍摄制作了"烽火草原鲁艺人""清格尔泰"两个特别专题，以纪念在赤峰昭乌达草原创办的冀察热辽联合大学鲁迅艺术文学院和赤峰知名人士、我国著名语言学家、蒙古语言研究开拓者和奠基人清格尔泰先生。

随着"赤峰记忆"各专题的陆续制作完成和发布，有不少朋友建议推出"赤峰记忆"的相关书籍，以便随时品读。在赤峰市文化新闻出版广电局（现赤峰市文化和旅游局）的领导下，2021年10月，赤峰市图书馆与北京碧虚文化有限公司合作启动了"赤峰记忆"图书的编写工作。

《赤峰记忆》是在"赤峰记忆"项目的基础上进行的二度创作，力求全面、具体、系统地保存赤峰地区各领域发展变迁情况。本次出版的《赤峰记忆》共包括6卷，分别为：第一卷"文化专题"，第二卷"乌兰牧骑专题"，第三卷"非物质文化遗产专题"，第四卷"杰出女性专题"，第五卷"图书馆专题"和第六卷"文化旅游、烽火草原鲁艺人、清格尔泰专题"。

本书为《赤峰记忆》第四卷"杰出女性专题"，收录整理了"赤峰记忆"项目第四期杰出女性专题8位人物的访谈内容。这8位人物分别是赤峰市妇女联合会党组书记、主席杨立红，巴林右旗委党史办原主任王兴贵（介绍女英雄郭俊卿的传奇人生），巴林右旗广播站原编辑代钦（介绍舞蹈家巴达玛多彩故事），翁牛特旗乌丹第四小学原校长姚玉梅，赤峰市农业技术推广站站长汪耳琪，赤峰市松山区大庙镇党委副书记、大庙镇小庙子村党总支书记赵会杰，现役国家队残疾人举重运动员徐立立，赤峰星之路孤独症儿童康复中心主任王欣会。

本书所配图片，除了"赤峰记忆"项目组拍摄所得之外，还由各位被采访者提供。本书尽可能将每幅图片的摄影者一一注明，但由于时间久长，来源各异，不少图片的提供者亦不能说明每幅图片的摄影者，因此本书未能将一些图片的摄影者一一注明，特此说明。

《赤峰记忆》的出版，是"赤峰记忆"项目二次创作的成果。希望本书的出版，能够帮助广大读者了解赤峰历史，讲好赤峰故事，弘扬北疆文化，坚定文化自信，铸牢中华民族共同体意识。

刘淑华

2023年12月1日

杨立红

群芳辉映半边天

采访时间：2020 年 7 月 5 日
初稿时间：2022 年 4 月 28 日
定稿时间：2022 年 5 月 28 日
采访地点：赤峰市图书馆"赤峰记忆"拍摄现场
版　　本：文字版

杨立红速写

　　杨立红　1968 年 7 月出生于赤峰市红山区，蒙古族，中共党员，1991 年 7 月毕业于内蒙古大学哲学系哲学专业。

　　1991 年 8 月—1995 年 3 月在内蒙古自治区赤峰市红山区铁南街道办事处党办任秘书、团委书记，1995 年 3 月—12 月在赤峰市红山区团委任干事，1995 年 12 月—2000 年 8 月在赤峰市红山区委组织部任科员，2000 年 8 月—2002 年 5 月在赤峰市红山区人事局编办任副主任，2002 年 5 月—2004 年 3 月在赤峰市红山区委组织部任副部长，2004 年 3 月—2007 年 9 月在赤峰市红山区委组织部任副部长、机关党工委书记，2007 年 9 月—2012 年 10 月在赤峰市宁城县任县委常委、纪委书记，2012 年 10 月—2016 年 7 月在赤峰市松山区任区委常委、纪委书记，2016 年 7 月—2017 年 1 月在赤峰市松山区任区委常委、组织部部长，2017 年 10 月—2018 年 12 月在赤峰市委组织部任副部长，自 2018 年 12 月起，在赤峰市妇女联合会任党组书记、主席。

在赤峰市妇女联合会工作期间，杨立红带领市妇联深入贯彻习近平总书记关于妇女儿童和妇联工作的重要论述，围绕自治区妇联工作部署和市委、市政府中心大局，扎实做好引领、服务、联系妇女工作。为推动妇女创业增收，回应妇女利用闲余时间创收增收的强烈愿望，带动广大妇女积极助力全市巩固脱贫攻坚成果、促进乡村振兴工作大局。2019年，杨立红带领市妇联着手部署开展了妇女巧手创业增收工作，主动在创新思路、健全机制、落细落实上下功夫，把创收大文章进一步做实、把发展大环境进一步优化。巧手创业增收工作经历了妇女个人零产散卖、大户协会示范带动、同类产业逐步聚集、优势项目跨县发展等阶段，后逐步形成服装服饰制作、草柳手工编制、特色食品生产、笤帚苗种植加工及其他特色项目等五大产业板块。几年来，广大妇女参与意愿不断增强，现已吸纳相对稳定从业人员3万余名，年人均增收超过3000元，笤帚苗加工、假发编织等附加值较高的领域年人均增收可达2万余元；产品产销领域不断拓展，已由刺绣手编、食品生产等传统领域延伸到了假发编织、首饰制作等新兴行业，五大板块目前共传承与开发巧手产品5000余种，与北京、吉林等7个省（市）、10余个县区建立了产业支持和产品销售关系。

2019年，杨立红带领的妇联组织启动"女童保护"未成年人防性侵专项培训工作，并按照"四个一"工作模式，在全市全面推开。"四个一"即引进一个专业组织、组建一支专业队伍、培训一堂专业防性侵课程、开展一次深化拓展项目。"女童保护"工作得到了广大师生、家长和学校的欢迎，以及社会各界的广泛好评，同时也得到了赤峰市全面依法治市委员会的认可，成功入选赤峰市2019年度"十大法治事件"，成为赤峰市除司法机关外唯一获此殊荣的单位。赤峰市妇联"女童保护"志愿者讲师团队被评为"中国网事·感动内蒙古"2020年度最受关注集体。

刘锦山：各位朋友，大家好！今天是 2020 年 7 月 5 日，这里是赤峰市图书馆"赤峰记忆"第四期"杰出女性专题"拍摄现场。今天我们邀请到的嘉宾是赤峰市妇联党组书记、主席杨立红女士。杨主席您好。

杨立红：您好，刘总。

一、情系桑梓

刘锦山：非常高兴您能接受我们的采访。杨主席，首先请您向大家谈谈您的个人情况和成长经历。

杨立红：我是土生土长的赤峰人，我的家乡是赤峰市喀喇沁旗。我是蒙古族，出生在赤峰市红山区，小学、初中、高中都是在红山区就读的，大学是在内

图 1　杨立红（左）接受"赤峰记忆"采访

蒙古大学，学的是哲学专业。大学毕业以后，听从父母的召唤就回到了家乡。最早是分配在赤峰市红山区的铁南街道办事处。不知道您听说过吗？

刘锦山：听说过。

杨立红：就是棚户区改造的那个街道办事处。在那儿工作了4年，后来到了红山区团委，在团委工作了9个月，其实共青团工作还没干够呢，特别喜欢。后来被红山区委组织部调过去了，就进了组织部。从此就跟组织部结下了不解之缘。在红山区委组织部干了5年，2000年到了红山区人事局的编办，提任编办副主任，在那儿工作了近2年，后来又回到了红山区委组织部，后任红山区委组织部副部长兼党工委书记，这样又是5年。这是2002年到2007年，这前后在红山区委组织部就工作了10多年。2007年，组织派我到赤峰市宁城县，任宁城县委常委、纪检委书记，在那儿又工作了5年。党的十八大召开那年，我记得是2012年的10月，我被组织调到赤峰市松山区，任松山区委常委、纪委书记，是平职交流，岗位没变。在松山区一共工作了六七年，任了近4年的纪委书记，后来又转岗到松山区委组织部任组织部部长，工作了1年多，到了2017年的10月，我就被调到赤峰市委组织部任副部长，又回到组织部了。

在我的工作历程当中是三进三出组织部，在组织部工作前前后后一共是13年多，将近14年的时间。您想，我的工龄现在是将近30年，一半的时间是在组织部门工作，要不咋说是结下了不解之缘呢。

2018年年底，我被提任到赤峰市妇联任党组书记、主席，正式上班就是在2019年的1月1日。所以现在的这个岗位，也就是做妇联工作，正好是1年半多一点的时间。

二、履职妇联

刘锦山：杨主席，您到妇联工作时间不久，那您是怎样认识妇联工作的？

杨立红：我的大部分工作时间，都是在组织和纪检这样的岗位上，刚才说组织部14年，纪检、监察的岗位是10年，这样的工作和我的个人性格，是一个互相成全、互相促进的过程。因为我个人的性格比较严谨、认真，所以也就有了更多从事这样工作的机会。同时，也正是这种比较严谨、认真的工作性质，成就了我更加严谨、认真的性格，它是一个相辅相成的过程。

妇联的工作跟我以前的工作性质不太一样，应该说是差别很大。它是一个群众性组织，工作性质更多地带有群众性，属于群众团体。通过这一年多的工作实践，我觉得妇联工作真的是非常重要。说它重要呢，主要是源自这么两个方面的认识：一是我们妇女，在经济社会发展，甚至人类的文明进步过程中，确实起到了不可替代的作用，就像2015年习近平总书记在全球妇女峰会讲话中指出的那样，"没有妇女解放和进步，就没有人类解放和进步"，这是习近平总书记的原话。我在工作中也确实有这样的体会。

赤峰市是农牧业大市，也是人口大市，属于半干旱地区。从20世纪八九十年代开始，农村的大部分男性外出打工挣钱，妇女留在家里，既得干农活又得照顾留在家里的老人和孩子，她们的压力非常大，但是在这个过程当中，赤峰的广

图2　2019年3月6日，杨立红在赤峰市纪念"三八"国际妇女节109周年大会上致辞

大妇女吃苦耐劳，在我们这个农牧业大市发展中发挥了重要的作用。再有就是在最近的抗击新冠疫情中，这个全社会都有体会，无论是一线的救治，还是社区的群防群控，包括居家留守，广大妇女都是当之无愧的主力军、半边天。赤峰市分三批去援鄂，医护人员一共是 109 人，其中女性医务工作者就有 78 名，占到了 71% 以上。可以说我切实地感受到，妇女在社会生活和家庭生活中发挥着独特的作用和不可替代的作用，在社会发展中发挥着主力军、半边天的作用。这是一方面，我觉得很重要。

另一方面就是从我们党和国家发展史来看，党和国家对妇女及妇女儿童事业十分重视，毛主席曾经说过时代不同了，男女都一样，男同志能办到的事，女同志也能办得到，妇女能顶半边天。在 1990 年的时候，成立了国务院妇女儿童工作委员会。国务院妇女儿童工作委员会就是专门推进妇女儿童事业的机构。1995 年，我们国家就制定了《中国妇女发展纲要》，我们国家省、市，一直到县这一级，都成立了妇女儿童工作委员会，且都制定了妇女儿童发展规划。这个规划纲要把对妇女儿童的经济、社会、文化、健康等各个领域的发展指标，纳入各级政府职能部门的工作职责中，作为硬性指标推动落实，这个力度是非常大的。

刘锦山：对。

杨立红：还有就是 1995 年的时候，我们国家就把"男女平等"列为基本国策，足见国家对于男女平等、对于妇女儿童事业发展的重视程度。随着时代的进步和历史的发展，以习近平同志为核心的党中央，对妇女工作、对妇女儿童事业更加重视。

习近平总书记在很多场合都谈到妇女的独特作用、妇女工作的重要性。2015 年 2 月，中共中央印发了《关于加强和改进党的群团工作的意见》，接着在广泛调研的基础上，7 月专门召开了中央党的群团工作会议，这在我们党的历史上是第一次。为加强和改进包括妇联组织在内的群团组织工作，提出了很多具体的意见和改革要求。特别是 2015 年 9 月在联合国总部，习近平主席主持召开了全球妇女峰会，这在我们国家历史上也是第一次。可以说，我们妇女在人类社会的进步和发展过程中发挥着重要作用，我们党和国家历来非常重视妇女及妇女儿童事业。从这两个方面，我觉得妇联的工作确实是特别重要。

对组织派我到这儿来工作，我觉得责任重大、使命光荣，而且要把这项工作做好，也是任重道远、前路漫漫，需要我带着大家不断地努力。妇联组织是党联系妇女群众的桥梁和纽带，我们的主要任务就是引领、联系和服务广大妇女。按中央的群团改革会议要求，群团组织要去"四化"、增"三性"。去"四化"就是要去除"机关化、行政化、贵族化、娱乐化"，增"三性"就是要增强"政治性、先进性、群众性"，这个很明确。我们要做好新时期的妇联工作或者说妇女工作，就需要按照中央的要求，结合妇女需求，理清我们的职能定位，把我们的工作做实、做细、做好。这是我的体会吧。

赤峰市的妇女工作，应该说一直有着很好的基础，市委、市政府也一直很重视群团工作，包括我们妇联工作，每年都听取工作安排，时时指导、全力支持。赤峰妇联有很多工作在全自治区都处于领先地位，比如说我们针对留守妇女和儿童开展的"守门人"行动；助力广大妇女创业增收开展的"妇女小额信贷业务"；还有20世纪80年代末，全国妇联推出的在广大农村妇女中开展"双学双比"竞赛活动，这项开展了30多年的活动，就是发源于我们赤峰，这也是我们很自豪、很荣幸的一件事。因此说，我们赤峰市妇联的工作有很好的基础。这样一来我的压力就很大，责任也是重大的，所以这个接力棒——妇联主席的接力棒到了我的手里，我就要加把劲让它更上一层，就要跑好，把它传递下去。

刘锦山： 对。

三、妇女儿童维权

刘锦山： 杨主席，赤峰市妇联现在的工作情况怎么样？您给大家介绍一下。

杨立红： 近年来，特别是我过来后的这一年多，我结合着新形势、新任务、新时期党对群团工作的要求，对妇联组织的要求，结合着我们赤峰市的实际，主要是围绕中心工作，突出重点，按照妇女所急、党政所需、妇联所能这样的原则,也算是探索性地做了一些工作。我感觉比较有特色的或者说有一定成效的,有这么几项,下面我介绍一下。

比如说妇女儿童维权。妇女儿童维权是我们妇联组织的主责、主业,也是我们的一项基础性工作。我们都谈妇女要实现解放、进步与发展,我觉得这个首先要维护好妇女儿童的权益。我们的合法权益要维护好,这是一个基本性的、保障性的东西。因此我们采取了一些办法来推动这项工作的开展,比如说我们建立健全并且规范用好各级各类的妇女维权机构及妇女维权机制。比如说在我们基层的乡镇、街道,都有妇女儿童的维权站,各级妇联组织都有24小时畅通的妇女儿童维权热线,基层的法院都有妇女儿童的合议庭,民政部门建立的反家暴庇护所,等等。还有就是我们利用各种渠道和机会来开展针对广大妇女和全社会的普法宣传。普法的内容主要是跟我们妇女权益有关的,比如说《中华人民共和国反家庭暴力法》《中华人民共和国未成年人保护法》等,目的是让广大妇女学会用法律的武器,来维护自己的权益,保护好自己。另外就是要在全社会营造一个维护妇女儿童权益的良好氛围,让大家都来学习这些法律,都来认识、遵守这些法律。再有,妇联要发挥好"联"字优势,把公安、民政、法院、检察院等机构都连接起来,共同发挥作用,形成合力,从而有效地推动这些妇女儿童维权机制的落实,就是这么一个想法。

另外,我们还开展了社会性别意识方面的培训,就是让先进的社会性别理念,比如说男女平等的基本国策,进党校、进机关、进校园,让这种先进的性别平等理念进家庭、进社会,宣传男女平等基本国策,营造一种有利于维护妇女儿童合法权益的社会氛围。

2019年以来,我们重点在两个方面发了力:一个是儿童的自我保护教育,另外一个就是反家庭暴力的宣传。为什么要做儿童的自我保护教育呢?根据我们掌握的情况,包括我们在媒体上看到的一些消息、一些报道,赤峰和全国其他地方一样,在未成年人身上也出现了一些被侵害、被伤害等这样那样的问题。其中一个很重要的原因就是,这些未成年人,除了缺乏自我保护的能力之外,更重要的是他们缺乏自我保护的意识。

图3 杨立红看望孤寡老人

图4 杨立红看望福利院儿童

这样，我们在广泛调研的基础上，联系了一个社会组织，这个社会组织叫北京众一公益基金会，是专门开展女童保护的培训教育组织，它是由全国百名女记者发起的。我们请她们来给我们女童保护的志愿者讲师进行培训，培训内容就是针对小学生防性侵专题。针对这个内容，这个培训机构很规范，也很专业，有专门的课件，而且在培训后，是要经过严格的考核，才给颁发资格证书的。我们前后举办了两期，有400多名志愿者参加培训，最后取得这个讲师资格证的是127名。

刘锦山：30%多一点。

杨立红：对，30%多一点。为了支持这项工作，我也去参加了培训，也考了这个资格证，满分是100分，我得了92分。在考试的时候，我以为我能得100分，因为觉得跟老师的答案都差不多，结果成绩给刨了8分。这减掉的8分我印象很深，考试要求有些用词是非常精准、规范的，比如说，当孩子感到"好奇怪""不舒服"这样的词儿，就不能用成其他词儿，再比如说问孩子是不是感到"好恶心""好讨厌"这些词儿，是不允许随便更换的，我们大人觉得可能就是那个意思，但是到真正给孩子讲课的时候，要注意语言。可见这个机构是经过反复推敲，非常专业的。后来我们也反思，包括我本人在内也有体会，真的觉得课件中用的那些词，是用于培训孩子的最恰当的词。

我们这127名讲师，分布在赤峰市的12个旗县区。我们跟教育部门协调，在教育部门的支持下，在全市的小学开了"儿童自我保护"，也叫"女童防性侵"课程。说是女童，实际上针对的是所有的儿童。这样的课程，从2019年的8月到2020年5月，疫情期间也没耽误，已经讲了300多场，受益儿童3万多名，覆盖了全市所有的寄宿制小学，可能占到全市小学近一半的比例。还有30多个社区也开了这样的课，因为社区也有家长学校。总之这个课程得到了学校、家长，还有社会的一致好评。

像我们巴林右旗有个小学，在开课的时候，很多的家长就主动要求去听，还有很多的老师也主动申请去听，听完之后也很有感受。有的学校学生听完课之后还要搞研讨，还要留作文，让学生谈个人的认识，这样更强化了培训效果。特别值得一提的，就是通过这个培训，尤其是有很多受到这方面侵害的，有过这方面经历的孩子和家长，给我们妇联组织打电话倾诉。因此，我们妇联组织联系了一些社会组织，给他们进行心理疏导，包括我们权益部的干部，也做相关的疏导工作。

这个效果很好，这项工作也得到了赤峰市委全面依法治市委员会的认可。2019年赤峰市评选的十大法治事件，我们这项工作被列入其中。我们也是内蒙古自治区首家开展女童保护的组织。现在我们在不断深化这项工作，比如说下一步我们要对家长进行培训，因为要想保护好孩子，家长提升这些意识是非常必要的，他们得有正确引导的方法，不能出现这些问题之后，一味地责怪孩子，错误的教育方式是不行的。另外还要逐渐探索向中学生这个群体进行这方面的教育。这是女童保护这件事。

再有就是反家暴这件事。这项工作妇联组织一直在关注，全国妇联从2000年就开始关注，赤峰市各级妇联组织也一直在关注这项工作。据我们了解，到

图5 2020年，杨立红在赤峰市二中国际实验学校小学部讲解"女童保护"课程

我们妇联组织来投诉的事件当中，可能占到一半以上的都是家暴问题。尽管家暴问题具有隐蔽性，但是还能占到一半的投诉比例，可见家暴在一定程度上还是存在着的。我们接到的这些家暴事件，都是女性受害者。因此把反家暴这件事提上日程，加大力度去进行宣传，强化反家暴的一些机制建设，就显得尤为重要。

特别是2020年我们内蒙古自治区出台了《内蒙古自治区反家庭暴力条例》（简称《反家庭暴力条例》），这是在2016年国家出台《中华人民共和国反家庭暴力法》之后，自治区出台的条例。这个条例比较系统和全面，而且也比较切合实际。其中有两个方面规定得比较明细，一个是对"家暴成员"这个概念进行了明确。原来一说家暴就是指夫妻之间，或者是跟子女之间的范畴，内蒙古自治区的《反家庭暴力条例》就规定，翁婿之间、婆媳之间，甚至是养父母和子女之间，继父母和子女之间，这些都是家暴的成员范畴。另外一个就是对家暴的种类概念也进行了具体化。以往一说家暴可能就说是身体上的侵害，在这个条例中，把经济控制，还有谩骂、跟踪等行为都列入家暴的范畴，这样家暴的范畴就更宽泛了。再有就是对《中华人民共和国反家庭暴力法》《反家庭暴力条例》实施的职能部门的职责也进行了明确，以前相对比较模糊，这次就比较具体。因此，《反家庭暴力条例》是我们推动反家暴这项工作的一个很好的抓手。

我们不断扩大宣传，这项工作没有太好的办法，真的就是扩大宣传，让所有的家庭，让大人、孩子、老人、男人、女人，都知道家暴的危害性，包括它的违法性质。也就是说，家暴它不是家务事，文明社会不能用野蛮的方式解决问题。

刘锦山：对。

杨立红：我们利用了很多现代化的新媒体手段，像制作小视频、联合电视台等传统媒体。同时，我们也与一些新媒体机构、网络公司等合作，制作了一些形式多样的、丰富多彩的，让大家能够听得懂、看得明白的宣传资料。积极拓宽宣传途径，把各单位大厅的宣传窗、公交车、电视台、报纸、抖音号，以及妇联公众号等都利用起来，就是一个目的，广泛宣传。

再就是培训，对做这项工作的同志进行培训，让他们知道出现这些家暴问题得投诉，怎么处理，怎么依法、依规地进行处理，及时有效地处理。再有就是相关职能部门，如公安、司法、民政，共同形成合力，各自发挥好自己的工作职能，确保出现一例就及时地解决一例，保护好妇女儿童的合法权益。

四、共促发展

刘锦山：杨主席，您再介绍一下赤峰市妇联所做的其他工作。

杨立红：我们比较有特色的第二项工作就是抓妇女的增收、创收，这项工作由我们的妇女发展部主抓。内蒙古是一个边疆少数民族地区，赤峰市是一个农牧业大市，也是一个人口大市，我们的城镇化率不高，农牧业人口多，又是一个半干旱地区，农闲的时间每年大致在一半以上。农牧区的妇女创收、增收的愿望特别强烈，她们都想要挣点钱。经济基础决定上层建筑，当然了，家庭财产、资产都是共有的，但是妇女的地位提升，应该说跟妇女的收入是有一定联系的。

有一次我去调研，一位编笤帚的大姐说，编几支笤帚，一天挣30多块钱，我就可以用这些钱给我孙子买好吃的，我在家里头就觉得更加有了尊严、有了地位。

刘锦山：很自豪。

杨立红：对，很自豪。她们创收、增收的愿望一直很强烈，同时我们赤峰市又是内蒙古自治区贫困人口比较多的一个地区。基于此，做好这项工作，一方面支持妇女创收、增收；另一方面围绕中心，为我们赤峰市的脱贫攻坚，做出妇联组织的贡献。我们在广泛调研的基础上帮助妇女。一是利用她们的农闲时间，利用身边的资源，身边的资源就是玉米皮、笤帚苗，包括杂粮，我们是杂粮、杂豆类的主产区，一些秸秆等，把这些资源利用起来。还有一些传统的手工艺项目，像我们的蒙古族刺绣，包括我们的杂粮、杂豆深加工项目，如制作黏豆包、制作民间的散状糕等，你可能都不知道。就是把这些资源利用起来。

再就是把妇女留在家里。现在农村的留守老人、留守儿童太多，男人走了，妇女再走了，就剩下老人和孩子了。因此我们也考虑让妇女居家就能够创收，这也是一件一举多得的好事。基于这样的主导思想，我们就为这个工作项目起了一个名字——妇女巧手居家灵活就业。在推动这项工作的过程当中，我们主要采取这么几个措施，概括为"带、联、技、展、销"这五个字。其实最终就是一个意思，通过对她们进行培训，帮助她们销售，把她们的产品变成商品，让她们挣到钱。

具体地说，"带"就是带动，通过基地带、大户带、企业带、能人带，都是女性，女大户、女能人、女企业家，以女性带头人为主，用骨干来带动她们创收、增收。"联"就是发挥我们的联系优势，连接一些外部的资源，为她们找销路、找订单，让她们的产品尽快卖出去，比如说我们是京蒙对口的帮扶地区，各旗县区跟北京的一些县区都有对接、有联系，可以在北京搞一些展会。再就是我们当地，比如说我们城区的一些妇女手工企业，就可以和旗县的手工合作社进行对接，像我们宁城有一个御绣轩，做女性服饰的地方，它就跟阿鲁科尔沁旗的蒙古族刺绣合作社进行了连接，这都是资源的整合。"技"就是对她们进行技术培

图6　2020年5月，杨立红在阿鲁科尔沁旗调研妇女巧手产业发展情况

图 7　2020 年 6 月，杨立红到敖汉旗新西街社区调研妇女巧手工作

图 8　2019 年 10 月，杨立红参观"布丝瑰工坊"

训，比如说2019年一年我们就培训妇女8000多人。这里面既有编织，也有刺绣，还有粗粮加工，包括电商的培训。总之她们需要什么，我们就给她们培训什么。再就是"展"，"展"就是办展会，像我们市这一级，本来2020年"三八"节准备搞一个线下的大型展会，由于疫情影响，我们就搞了一个线上的云展，几天时间就签了十多万的订单，有些一户人家妇女就挣了一两万块钱，效果也很好。但是我们这个线下的展会一定要搞，准备看看疫情稳定之后，在8月搞。现在准备在这个展会上展销的展品，种类就达2000多种，在展会上准备签约的企业、销售商就有6家，应该会起到很好的连接作用。还有"销"，"销"就是找销路，各级妇联组织都在找，像我们市妇联也跟市总工会、女企业家商会进行连接、联系，给她们找一些渠道。各级妇联组织，她们也在积极地找销路。找销路也是这样，没有销路的给她们找，已经有销路的给她们找更挣钱的。就是这么一个想法，主要就是通过这些措施，让居家妇女灵活就业，让更多的妇女能够创业增收，能够挣到钱，带动更多的妇女，特别是贫困妇女能够有收入。这是我们比较有特色的第二项工作。

最后一项工作是我们的家庭建设工作。家庭建设是妇联的传统工作领域。如果说哪个部门的工作是直接对着家庭的，也就是说工作对象是家庭的，除了公安局的户籍科，可能就是妇联了。妇联的工作对象就是家庭，有一个部门就叫家庭和儿童工作部，专门做家庭工作。上面也强调，要注重家庭、注重家教、注重家风。家庭也确实是很重要，它是社会的细胞，也是社会稳定的基础，同时它更是一个人成长进步的基础。我们有很多人、很多孩子出了这样那样的问题，其实都是家庭出了问题，包括我们成年以后，有些心理问题，可能都出自原生家庭，所以说家庭就格外重要。这样，我们妇联组织的一项职责就是，根据不同时期的家庭建设的需要和特点，采取不同的措施，开展我们的家庭建设工作。

近几年我们主要是按照全国妇联的统一要求，以"寻找最美家庭"为载体，开展形式多样的家庭文明创建工作。市妇联2019年就设计了这样一个活动方案，以"家与时代同行"为主题，"家与时代同行"就是家要跟上时代的步伐，家庭建设工作也要跟上时代的步伐。以这个为主题的"寻找最美家庭"实践活动，主要突出这几个字——"荐、讲、秀、展、评"。"荐"就是群众自荐、群众推荐;"讲"就是讲最美家庭故事;"秀"就是群众秀自己的家风、家训,还有家庭故事;"展"就是展良好的家风、良好的家训,以及好的家庭故事;"评"就是评最美家庭,由群众评,通过线上线下发动广泛的群众参与。所以说通过这五个字最终体现的是,在"寻找最美家庭"的过程中,是不设门槛、常态化地寻找,发动广大群众积极参与,让广大家庭和广大群众在参与中实现自我教育、相互学习。

基层妇联组织按照我们这个方案,在具体的实施过程中创造了丰富多彩的、

图9 2019年9月7日,杨立红在"家·与时代同行"赤峰市家庭建设巡礼活动上讲话

又接地气又有实效的工作方法。真的是很新颖,我就不一一介绍了。总之,通过这个主题实践活动的开展,确实对于营造良好的家风,关注未成年人的成长,建立良好的亲子关系,都起到挺好的作用。通过良好的家风,也促进了好的党风、社会风气的形成,发挥了比较好的作用。这就是我们在这一年多的时间里,比较有特色的几项工作。

五、工作体会

刘锦山：通过您的介绍我们了解到，赤峰市的妇联工作有比较好的传统基础，您到妇联担任党组书记、主席以后，也是在传承中继续创新，发扬光大，也做了好多工作。

杨立红：传承。

刘锦山：传承创新。因为您说的涉及面比较广，您刚才讲了线长面广等，工作难度应该也是不小的。

杨立红：对。

刘锦山：所以下面请您谈谈，在这一年半多的工作里的一些体会和感受。

杨立红：这一年多我确实对妇联工作有着很深的体会，最突出的一点体会，真的就像您说的那样，做好妇联工作真的不是一件容易的事，妇联工作确实很重要。因为妇女重要，妇联工作也重要，妇女儿童事业更重要，但是要把这项工作真正地做好，也确实需要下一番功夫。目前我也是在学习和探索当中，总的感受，我跟我们党组成员、班子成员，跟我们的干部也经常交流，就说妇联工作的特点，真的是职能界线不太清楚，比较模糊。某一项工作你干也行，不干也行，或者是你这样干也行，那样干还行，这个界线它来得不那么绝对。再就是您说的线长面广，它的内容和手段比较多样，方法也不是单一的。这样的话，要想把这项工作做好，特别是做实，就需要认真地去研究。一个是研究我们的职能定位，就是妇联组织是干啥的；再就是研究妇联组织如何融入党委政府的中心工作，为中心工作服务；还有就是如何结合当地妇女儿童的需求。这几个方面结合起来，最后找到、找准工作的切入点，才可能实现把工作做实、做细、做好这样的目标。

另外一点体会是，妇联工作是一个群众性的工作。这个群众性的工作，就像我刚开始说的，跟我以前从事的组织、纪检，包括政府职能部门的工作不太一样，应该说非常不一样。我们原来的工作对的是一个事、一个项目，或者是执行一个条例，但是妇联工作，它对的是一个群体，是这一群人，所以说我们就特别关注这个群体的需求，我们只有回应这个群体的需求，我们才能真正地把我们的工作做到这个群体——妇女儿童的心坎上，真正提供他们所需要的，同时才能真正吸引广大妇女参与进来。广大妇女参与进来，我们的工作才能有生命力，才能有吸引力，我们的工作才能有价值，才能有效地开展，就是说需要赢得广大妇女的支持和参与。

第三点体会就是，妇联的工作或者说妇女儿童事业，真的是需要全社会给予更多的关注和重视。你看我们所从事的工作，无论是家庭、妇女儿童的维权，还是妇女创业增收，包括社会性别平等意识的宣传，这些工作都跟每一个人、每一个家庭息息相关、紧密相连，所以这是一个全社会的事，它真的需要我们全社会共同关注、支持，形成合力，这样才能推动我们妇女儿童事业的发展。

第四点体会就是，维护妇女儿童的合法权益。说到推动妇女的进步与发展，归根结底还是要推动男女平等基本国策的落实，它的根还在男女平等上。所以说还得加大男女平等基本国策的宣传力度，让人人都树立和强化这种国策意识，让这种社会性别平等的先进理念真的深入人心，形成促进社会性别平等的合力，从而实现男女两性的共同发展。

六、未来规划

刘锦山：杨主席，您刚才谈了从事妇联工作的一些体会。我们知道2020年是"十三五"的收官之年，各地方政府、各部门，都在总结"十三五"的发展经验，做"十四五"的规划。所以最后一个问题，我想请您谈谈赤峰市妇联在未来几年，"十四五"期间的一些发展思考。

杨立红：我这一任妇联主席也不知道干多长时间，反正干一天我就得认真地负好这个责任，而且我觉得这个责任很重大，也很光荣。

我想从这么几个方面规划，一个是妇联组织，一定要发挥好妇联组织的职能作用。首先一点要对广大妇女进行思想引领。思想是行为的先导，我们应该按照中央的要求，把妇联组织的政治属性作为我们的根本属性，引领广大妇女感党恩、听党话、跟党走，通过多种形式的宣传教育，提升广大妇女对党的领导、对社会主义制度的认同。我觉得这是一个事儿。

另外一个就是要为广大妇女办实事。解困、解忧要围绕着妇女的需求，真正地把工作做到妇女群众的心坎上。妇女巧手居家灵活创业的这项工作，要认真地抓下去；要巩固脱贫攻坚的成果，为乡村振兴做出妇联组织应有的贡献，发挥出妇联组织的积极作用。

再有就是对困难妇女的救助。像现在开展的妇女两癌"宫颈癌、乳腺癌"的免费筛查；全国妇联的"两癌"救助项目，给每个符合条件的患病妇女1万块钱；母亲水窖、母亲邮包这些项目等，为广大妇女办实事，包括儿童，我们的女童保护、儿童自护及家庭教育这些工作，我们都要认真地落实好。

再有就是男女平等基本国策的宣传和培训。这个是我们妇联的职能，它也是妇女儿童工作委员会的职能。妇儿工委的办公室设在妇联，这样我们也要发挥好妇儿工委办的协调作用。通过广泛地宣传、培训，包括协调妇儿工委各成员单

图10 2020年6月1日，赤峰市妇联组织开展"致敬她力量，复产建新功"慰问活动

位，这些成员单位都是政府的组成部门，党委的相关部门，让这些部门和组织在落实妇女儿童发展的指标和项目中，强化男女平等意识，这是最根本的东西，只有把男女平等基本国策推动好、落实好，才能实现整个社会的两性和谐，两性的共同发展、共同进步，最终为我们妇女儿童事业的发展，创造一个良好的、根本性的大环境。这就是我大致的一个想法。

刘锦山：杨主席，非常高兴您能接受我们的采访，祝赤峰市妇联工作、妇女儿童工作越来越好。

杨立红：好，谢谢刘总。

郭俊卿*

现代木兰建奇功

采访时间：2020 年 7 月 3 日
初稿时间：2022 年 5 月 13 日
定稿时间：2022 年 6 月 13 日
采访地点：赤峰市图书馆"赤峰记忆"拍摄现场
版　　本：文字版

王兴贵速写

  王兴贵　作家，巴林右旗委党史办原主任。1945 年 1 月出生，内蒙古林西县人，中共党员。毕业于北京社会函授大学地方史志专业。北京燕图联文化发展部特邀作家，内蒙古地方志学会理事。多年从事史志编纂、文学创作、风俗研究工作，出版图书 30 多部。编纂出版的史志图书主要有：总纂《巴林右旗志》，主编《中国共产党巴林右旗党史大事记》《巴林右旗军事志》《巴林右旗四十年》，总纂《巴林右旗人民代表大会志》《赛罕乌拉自然保护区志》《巴林右旗林业志》《巴林右旗畜牧志》，执笔编写《巴林右旗地名志》，编著《巴林青年运动史》《中共巴林右旗委党校史》《巴林右旗档案馆指南》《巴林右旗农村牧区变革》《巴林右

---

* 郭俊卿是全国特等女战斗英雄。在艰苦的战争岁月，郭俊卿女扮男装 5 年之久，冲锋陷阵鏖战疆场，被誉为"现代花木兰"。本文是《现代花木兰郭俊卿》一书作者王兴贵的访谈录。

旗老年人体育二十年》等。出版的文学著作主要有：长篇小说《血剑仇》《血祭敖包》《虎印记》（与毕长青合著），中短篇小说集《真实》，散文集《兴安杂咏》，长篇纪实文学《辽宫春秋》《百年一梦》《巴林草原》《罕山春早》，长篇传记文学《现代花木兰郭俊卿》《丹阳血》，民间传说故事集《松漠传说故事》《岭南传奇》（与吕斌、毕长青合著）等。发表论文40余篇。获得全国和省市级的奖励30余项。简历和创作成果被编入《赤峰人物·总现代卷》《中国当代历史学学者辞典》《中国当代方志学者辞典》《世界华人文学艺术界名人录》等。

郭俊卿，1929年出生于凌源北店村的一个贫苦农民家庭，7岁那年随家人逃荒到昭乌达盟（今赤峰市）。1945年为了给被地主恶霸迫害致死的父亲报仇，她隐瞒自己的真实性别，将自己年龄虚报两岁，改称郭富，在巴林草原的林西县参加了八路军。先后担任通信员、警卫员、班长、文书和连副指导员等。在艰苦的战争岁月，她女扮男装5年之久，和男同志一样冲锋陷阵鏖战疆场，被誉为"现代花木兰"。1949年4月，劳累过度的郭俊卿生病住进医院，才恢复了女儿之身。1950年9月，她作为特等女战斗英雄出席了全国战斗英雄代表大会，受到了党中央领导的亲切接见。她的传奇经历和英雄事迹，在全国人民心中享有盛誉。新中国成立后她进入中国人民大学学习。后来转业到地方工作，先后担任山东省青岛市第一服装厂副厂长、山东省曹县民政局副局长等职务。工作期间她始终保持军人的本色和战斗英雄的荣光。她于1981年离休，1983年9月病逝于江苏南京。

刘锦山：各位朋友，大家好！今天是2020年7月3日，这里是赤峰市图书馆"赤峰记忆"第四期"杰出女性专题"拍摄现场。今天我们邀请到的嘉宾是中共巴林右旗委党史办原主任、作家王兴贵老师。我们今天请王老师给大家谈谈他本人的写作情况，重点谈一谈赤峰女英雄郭俊卿的事迹。王老师您好。

图1 王兴贵（左）接受"赤峰记忆"采访

王兴贵：您好。

刘锦山：非常高兴您能接受我们的采访。

王兴贵：谢谢。

一、王兴贵的工作与创作情况

刘锦山：首先请您向大家谈谈您的个人情况和工作经历。

王兴贵：感谢各位专家、领导前来进行采访，同时也感谢大家对郭俊卿这个英雄人物的关心、关怀和关注。我叫王兴贵，生长于巴林草原林西县，家乡曾是武术之乡。我在中小学读书时期爱好武术，还参加过昭乌达盟首届运动会武术比赛，获得少年组第一名的好成绩。我于20世纪70年代初参加工作，在人民公社和苏木乡镇都工作过，曾担任社长和乡长职务，以后调到旗委宣传部，从旗委宣传部又调到旗地方志办公室和党史办公室，任主任。因为我自己爱好创作，加上这个工作本身就是写作，所以工作当中有了一些创作成果。我在党史地方志部门工作期间，出版了许多史志方面的图书，其中主要有《巴林右旗志》，80多万字，内蒙古人民出版社出版。还有一些专业志，有《巴林右旗畜牧志》《巴林右旗林业志》《巴林右旗地名志》，还有《赛罕乌拉自然保护区志》等。这些志书加在一起有500多万字。

刘锦山：硕果累累。

王兴贵：谈不上硕果累累。我本人爱好文学，进行了一些文学创作，各种文学体裁都涉足一些。其中长篇小说有3部，中短篇小说1部，散文1部，还有长篇纪实文学3部，长篇传记文学2部，还有民间文学3部。2012年出版了我的个人作品集，一共是4卷，每一卷是六七十万字，4卷一共是270多万字。除此以外还写了些论文作品，共30多篇。先后获国家级奖励的有5篇，自治区级奖励的有10篇。参加过全国性的研讨会3次。其中在党的十一届三中全会召开20周年的时候，中央党史研究室、中央党史学会主持召开的20周年的研讨会，我的论文入选研讨会。还有一些作品获得了区市级的奖励。

图2　1958年，王兴贵参加昭乌达盟首届运动会武术比赛，获得少年组第一名（图为王兴贵当年刀术表演照）

二、关于《现代花木兰郭俊卿》一书的写作情况

刘锦山：王老师，您刚才介绍了您的个人情况和工作、创作经历。您一直不停笔进行创作，其中《现代花木兰郭俊卿》是您的传记作品之一。接下来请您向大家介绍一下女英雄郭俊卿的情况和传记的成书情况。

王兴贵：《现代花木兰郭俊卿》这本书是1996年开始撰写的，1998年出版。

图3　王兴贵在家乡内蒙古巴林右旗大板镇

当时为什么写这部作品？一个是党史工作的需要。当时内蒙古自治区各级党史部门开展两项重点工作，一项是编写组织史资料，一项是给党史人物写传。郭俊卿是著名党史军史人物。她是在全国解放战争时期涌现出来的具有传奇色彩的重要英雄模范人物，影响很大，传播很广，而且在人们的心中也有很大的感染力。应该说她是参加解放战争全过程的一位女英雄，是中国人民解放军几百万将士当中唯一一位女扮男装的花木兰式的英雄。她战功卓著，荣立特等功1次，大功3次，小功4次，先后参加过19次大大小小的对敌作战。当时她还很年轻，十四五岁参军，到解放战争结束的时候才20岁左右。

刘锦山：1949年20岁。

王兴贵：是的。郭俊卿参军的时候是15周岁，就是因为这么年轻，又因为还是女扮男装的传奇性的人物，所以很受关注和褒扬。在全国战斗英雄代表会议上，毛主席、朱总司令高度评价。会议结束以后，她参加全国青年代表团访问苏联，后来她念了大学（中国人民大学速成班），又到地方上工作。1983年她因病逝世于江苏的养女家中。

图 4　王兴贵在写作

刘锦山：郭俊卿是什么地方的人？

王兴贵：郭俊卿这个人物，当时为什么要为她写传记？这里面有一个为郭俊卿正名的问题。从她当战斗英雄开始到以后几十年来的各种运动，人们对她的传言很多，有些是讹传和误传。比方说她是在哪儿出生的？在哪儿参军的？怎么立的功？众说纷纭。另外她是女战斗英雄，有关女扮男装的说法就更多了。有的说她不是女扮男装，她也不是女的；有的说她是欺骗组织，欺骗党，她的荣誉称号是欺骗得来的。南方还有些小报记者去采访过她的养女，采访完了以后就胡乱编写文章发表在一些报纸上，说郭俊卿不是女英雄，她根本就不是女的，她是男的，假装女的，欺骗了我们军队，欺骗了我们党，是假英雄，等等。怎么为郭俊卿把真正的英雄名誉恢复过来？这是历史的需要，也是相关党史部门的工作。所以当时巴林右旗党史办就承担了这一任务。这个任务是内蒙古自治区党史研究室下达给巴林右旗的。作为文本的创作人员，我自己也是经过了多方艰苦的采访，

图5 1998年《现代花木兰郭俊卿》一书出版发行，作者王兴贵获得"党史工作先进个人"奖，图为作者王兴贵领奖

克服了不少困难进行抢救性挖掘。比方说，她的出生地在哪里，她什么时候来到的巴林草原，又是什么时间什么地点什么情况参军的？由于英雄转战南北，所在部队调动频繁，时间跨度大，历史资料多有散失。此次写传，我经过数年调查访问，基本弄清了她的出生地是在凌源三十家子北店村，她出生的年份是1929年，夏秋季节。有的记载说她是1930年出生，还有说她是1933年生人，这些都是有出入的。搞清楚立传英雄姓甚名谁、家乡何地，这才是立传的根本。因为她的家就在巴林右旗，当年她弟弟还健在，我就采访了他们。她弟弟郭荣说："我姐（郭俊卿）比我大3岁，我属猴我姐属小龙的。"以后又参照老户口本的记载和农历生辰的推算，这样就把郭俊卿的生年确定下来了。关于她的参军地也有许多不同的说法，有说是在凌源参军的，有说是在林西参军的，有说是在巴林右旗白塔子参军的，各种报刊写什么的都有。到底是在哪儿参军的？经过了解采访，也查证落实了，特别是弄清了她全家迁徙到巴林草原的经过。1931年九一八事变后，日寇占领我国东北三省，强行抓劳工，把青壮劳力都抓去修国道、挖煤炭，

郭俊卿的父亲也险些被抓去。那年还发洪水把庄稼淹了。由于没法生活了，所以她家就在大冬天逃荒到内蒙古巴林草原。逃荒这个事你们可能不知道吧？就是背井离乡嘛。郭家第一次逃荒是到的巴林草原的东部巴林左旗野猪沟乡草帽山。草帽山下面有个营子叫保安堂，蒙古文名称叫巴彦希日，她家便在那里落了脚。她父亲给地主扛长活打短工。几年以后，在那里也生活不下去了，她父亲累病吐血死去。父亲一死，家里没有生活来源，小妹妹也饿死了。打听到林西街里有他们本家的一个叔叔，全家又从那儿逃荒到林西县，这年是1944年。1945年日寇投降，郭俊卿女扮男装参加了八路军林西县骑兵大队。她为什么要女扮男装参军呢，她不女扮男装不行吗？原来在第二次逃荒时，从林东逃荒到林西，那个时候国破家亡、土匪横行，地方极不安定，逃荒讨饭要是女的就会被糟蹋被拐卖。郭俊卿说："讨饭的时候，我咔嚓咔嚓几剪子把头发一铰，穿上弟弟的破衣裳，就这样一家人讨饭要吃，半个月才到林西街里。"当时她母亲给人家洗洗浆浆，郭俊卿仍以男孩子装扮在街里卖烧饼。此期间她的思想就产生了一些升华。怎么升华的？她父亲的死对她是一个沉重的打击，卖烧饼的时候日本宪兵抢她的烧饼不给钱，还用枪把子把她打晕过去，所以当时她就已经是仇恨满腹了。1945年，苏联红军开到林西县。这一天郭俊卿卖烧饼，见来了这么多军队，大鼻子军队，还有女兵。"我也要当兵"——她脑子里闪现了当兵的念头。没几天共产党八路军接管林西县，成立了县骑兵大队。她就去报名。部队嫌她岁数小。她说："我不小了，我今年都十七八岁了。"其实那时候她才15岁，虚报了两三岁。郭俊卿童年时期，跟一般的孩子就不一样，有其独到之处。我采访其弟郭荣，郭荣说："我姐姐从小就务正、机灵、灵透。"

刘锦山：务正是什么意思？

王兴贵：这是林西方言。一个意思说的是她胆大。当时郭俊卿在保安堂营子放猪，还放驴放马，都掺和到一起放。她骑马骑驴不用鞍子，抓住鬃一迈腿就上去了，不管这个马怎么烈，怎么尥蹶子都掉不下来，她就有这种能耐。她放猪时来了狼她就骑马骑驴把狼撵跑，撵出好几里地去。再一个意思是说郭俊卿自幼聪明。保安堂有一个私塾学堂，王先生在那儿教书，冬天没有猪放了，她哄妹妹到学堂外面听讲课，学堂里面的孩子没学会呢，她在外头学会了。先生一看这孩子聪明，就让她读书还给她取名叫郭俊卿（没有这个名之前她叫"锁柱"）。就这样她念了两冬天私塾，全本的《三字经》《百家姓》《四言杂字》都会读会背会写，也算有了些文化。其三是她有夜视的本领，多黑的夜里也敢走路。就因为这，她一参军就在县大队骑兵二连连部当通讯员。当兵那一天她记得十分清楚，是1945年11月12日，农历十月初八。

三、郭俊卿传奇色彩的战斗英雄成长经历

刘锦山： 王老师，她是怎么在部队锻炼成长的？

王兴贵： 我在撰写《现代花木兰郭俊卿》一书的时候，有一个重大的问题，就是郭俊卿在部队里头是怎么成长的？如何从一个普通的老百姓（刚参军时她还是孩子），成长为一个合格的军人？又如何从一个普通的军人，成长为部队的一个基层指挥员？过去好多的书报、各种宣传材料上都没有这方面的记载。这些事情当时我在写这部传记的时候也很困惑。事也凑巧，当时赤峰市红山区政协副主席高云华编写的《红山文史》第六集印行了，其中有一篇是顾海林写的。顾海林写的题目就叫《我所知道的郭俊卿》。这篇文章说他是郭俊卿的班长，1946年他们班来了一个小战士叫郭富，实际上就是后来的郭俊卿。顾海林是郭俊卿的班长也是郭俊卿的入党介绍人，也可以说是郭俊卿在部队成长的引路人。这就说明顾海林对她很熟悉，而且郭俊卿在部队的成长过程顾海林也知道。我看了这篇文章以后心里豁然开朗。顾海林家在哪儿住呢？就在赤峰红山区东三眼井村，他是1947年从部队复员的，当过区村书记，当过人民公社大队领导。这样一来，我就辗转几次找到顾老采访。这是1997年的事，他已经70多岁了。老人身体很好，很健谈。他说："我现在有一个最大的遗憾事你知道吗？"我说："什么遗憾事？"他说："郭俊卿回来探家，我在松山区的老府镇学习，等我知道了，人家走了。我要知道她到赤峰，我就是步行我也到赤峰见她一面。"关于郭俊卿在部队里的锻炼成长，顾老还回忆了这样几件事儿，给我的感触颇深。这几件事儿正

是郭俊卿的成长进步的历程。一件事就是郭俊卿到部队以后是怎么做的。比方说女扮男装，到部队以后跟一帮小伙子在一起摸爬滚打，一个炕上睡，一个战壕里头练兵，为什么没有暴露女性身份？顾海林说我跟她在一起两年，两年中我也没发现她是女的。顾老说郭俊卿在这方面做得比较严密：部队白天训练，郭俊卿没和一个人同时上过厕所；晚上宿营，到老百姓家大炕睡觉，郭俊卿提出来把一边儿睡。那时候是班长睡炕头，炕梢儿没人愿意睡。炕梢儿不是凉吗，那时候还有臭虫，有跳蚤。郭俊卿说我不怕，跳蚤、臭虫我全不怕，我睡这儿给你们挡着臭虫，她就睡在炕梢儿，睡觉从来不脱衣服。再一个事情就是训练。1946年，八路军在林西县东部的小银河川蛤蟆沟川一直训练了3个月，训练内容是投弹、射击、摔跤。郭俊卿有文化，是小教官，经过训练以后谁也没她打枪打得准，摔跤或者是投弹她都在行。郭俊卿还有一个特点，我们晚上站岗，轮到她的班儿，她完成站岗任务；不是她的班儿，她也替别的战友站岗。平常有空还给大家缝缝补补。经过考核，郭俊卿样样都拔头筹，班集体得了全营训练第一名。采访中顾老说了这样一件事：开完总结会全班都到河里洗澡去了。郭俊卿不去洗澡，给大家补衣裳，有些战士连拖带拉地让她洗澡。她不洗，还红了脸。关于她入党的时间，顾老回忆：训练结束时部队吸收了一批共产党员，郭俊卿便是其中之一。那一天是1946年6月25日，郭俊卿加入了中国共产党。采访中顾海林还说了这么一个事情，给我的印象也很深刻。他说："这个小战士郭俊卿来了以后，什么都好，勤快，样样事情都走在前头。因为我是党员，连里让我培养她，我就找她谈话，说咱们八路军是共产党的队伍。"郭俊卿便问："共产党是什么人？啥人叫共产党？"顾海林讲共产党不是一个人，是一个组织。以后她逐渐地了解了党，加上她的出身穷苦，革命军队大家庭的温暖成为她进步的原动力，因而进步很快，小小年纪便成为一名共产党员。在小银河川训练完了，过了一个来月，部队进行整编，郭俊卿调到另一个部队。这个部队的番号叫冀察热辽军区十七旅五十团二连三排七班，组织上派她去当班长。随着解放战争形势的发展，东北的形势越来越好。郭俊卿所在的部队，1948年初由冀察热辽军区管辖编为第十一纵队。十一纵队的司令员是贺晋年，负责解放承德、平泉、隆化这些重镇。1948年5

月,解放平泉、隆化战斗打响。解放隆化打得十分激烈。隆化知道吧?

刘锦山:知道。董存瑞。

王兴贵:董存瑞炸碉堡,立功,那是1948年5月25日。5月26日打平泉时郭俊卿立功。郭俊卿所带的这个班,是尖刀班,重点攻取平泉外围的一个制高点。当时郭俊卿班的副班长牺牲了,副班长叫于江。我在准备写郭俊卿传记时,在她母亲家里头看过于江的照片。当时郭俊卿带领着全班,直接冲到山上去跟敌人拼刺刀。此时六班也从另外一个地方攻上来了,两个班一夹攻就占领了制高点。就这样郭俊卿和她的班在战场上立功了。郭俊卿所带的班,当时被团里评为战斗模范班。敌人逃往承德,承德有上板城、下板城,过了滦河大桥直接就进入承德街里。十一纵队决定围追堵截这伙逃兵,火线任命郭俊卿为副指导员兼连党支部书记。在连长、指导员不在的情况下,由她带领全连以最快的速度抢占了滦河大桥。那场战斗在热河革命史上有记载,由于她带领的机炮连去得及时,截断了敌人的退路,消灭了国民党兵406名(《热河革命史稿》记载)。通过史料还了解到,她在承德打完了仗以后,又在长城脚下一个叫二沟的地方集训。1949年,郭俊卿所在的部队从长城脚下向长江进发,当中要经过黄泛区。他们那个团还是由郭俊卿这个连打先锋,在前头开路。所以那时候是比较艰苦的,黄泛区行军十分困难,黄泛区里面到处都是涝塔子地。

刘锦山:沼泽。

王兴贵:对,沼泽地,很难走。郭俊卿带领他们全连始终走在前头,按时到达了湖北浠水。过湖北浠水的时候正赶上阴雨连天,河水猛涨。郭俊卿和战士们就背着伤病员过河。这个时候郭俊卿就已经得病了,一个女同志在部队,饱经风霜劳苦,天天打仗,就得了妇科病。把伤员背过河去以后郭俊卿晕倒了,旧病复发。当时部队在那里有一个野战医院,在给郭俊卿查病的时候,才发现她是女的。民间传闻,大夫在病历表上写上"男""女"两个字要郭俊卿指认。郭俊卿一看瞒不住了,就说:"我是女的,我隐瞒了组织,我犯了错误,请求组织处分。"就这样郭俊卿的女性身份在军队里传开了。这一传开可了不得啊,一个小姑娘15岁参军,一直在部队里头摸爬滚打5年,愣是没人知道她是女的,而且立了多次战功,这是很难很难的。事情报到团里头,团里头又报到军里头。当时的军长叫贺晋年,政委叫陈仁麒。贺晋年军长说这是个具有传奇色彩的女战士,花木兰式的女战斗英雄,这很了不得。军里把这个事儿一定性,很快郭俊卿这个女扮男装的战斗英雄的事迹在全军传开了。在1950年全国战斗英雄会议上,在解放军战斗部队序列里参加前方战斗的女战斗英雄,她是唯一一个。在战火硝烟当中,在人民解放军几百万将士当中,出现这么一个花木兰式的战斗英雄,是一件很了不起的事情。事情传出来以后,她赢得了广泛的赞誉,称她是"国之英雄、民之翘楚",是军人的骄傲。

四、传承发扬英雄精神

刘锦山:王老师,郭俊卿1950年获得全国女战斗英雄称号以后,她后面的发展情况是怎么样的?

王兴贵:在《现代花木兰郭俊卿》一书里头,我着重地写了这一问题。第一就是要挖掘郭俊卿这个女战斗英雄的闪光点,她的闪光点到底是什么?第二郭俊卿这个英雄人物对今天的人们,特别是青少年,有哪些值得学习的地方?都应该学习她什么?我对这样几个问题也进行了深入探讨和研究,她的闪光点写了这么几个方面,第一个是由于她是苦出身,由于她很早就接受党的教育,这样她在整个的前进过程中具有原动力。第二个就是对党、对革命忠诚,没有二心,始终如一。因为她对旧社会的苦难刻骨铭心,所以她对党非常忠诚,敢于牺牲,敢于战胜困难。第三个方面就是她能够克服常人难以克服的困难。这是她的几个闪光点。我觉得对今天的青少年,对今天的人们,起码有这种启示吧。伟大来自平凡,平凡孕育伟大。郭俊卿从参军一直到她当战斗英雄,成为人们心中敬仰的平凡而伟大的人物,都具有启示意义。

全国战斗英雄会议以后她去苏联访问,又回来探家。我带的照片里面有她的探家照片。1956年组织上派她到中国人民大学学习,1959年她就参加地方工作了。她说自己是花木兰,花木兰就从事纺织业吧,就到青岛第一服装厂担任副厂长。担任几年副厂长以后，又到山东的曹县民政局当副局长。后来她也曾受到了很大的冲击，有人说她是假英雄。她本来就有病，这一下就犯病了。那时候她一个月56块钱工资，月初发了没几天就散发完了，都给别人了。给谁了呢？给那些残疾的转业军人了，看到就给。她也始终没结婚。在浠水住院的时候，给她用中西医办法治了治，后来探家的时候她又犯病了，病犯得厉害，探家回去以后就到了武汉，在武汉做了子宫摘除手术。过继了弟弟郭荣的一个女儿。她在山东曹县当民政局副局长的时候又收留了个丫头，当时在医院里头孩子没人要就抱到民政局去了，民政局一看说这往哪送啊？后来郭俊卿要了，把她拉扯大。一个是过继的姑娘，一个是她的养女。后来她有病了不能工作了，就提前离休了。离休后到江苏常州，在南京去世的，脑出血去世的。我在书里也写了，也采访到她的养女。郭俊卿这一生没留下什么遗产。物质上的只有一个毛毯，旧的；还有一个皮箱，部队给的。就这两样东西，剩下的所有东西，她的军功章，还有国家给她的那些奖励，都拿到中国人民革命军事博物馆去了。

  郭俊卿这位革命英雄人物，不仅仅是我们巴林草原上的骄傲，是整个内蒙古的骄傲，而且是国家的骄傲。她是女扮男装的传奇人物，是从战火硝烟当中走过来的。没有那个历史条件，没有当时那个环境，谁去女扮男装，当女兵不一样吗？所以是那个特定环境、时势造出她这个英雄来。国家不能没有英雄，要靠英雄带头，发扬革命英雄主义。如今，赤峰市作为英雄的故乡，各地都在通过各种形式纪念她缅怀她。赤峰文化驿站搜集了大量的有关郭俊卿的历史图片、报纸杂志等文献资料，以传承红色基因、弘扬英雄精神为主题，开辟了革命教育场所，开展多种形式的追寻英雄足迹、赓续英烈血脉的活动。在郭俊卿的生活地、参军地的巴林草原，各族人民或办展览或办讲座，广泛地宣传她的英雄事迹。英雄从未走远，精神还在身边，草原上各族人民高举革命英雄主义旗帜，意气风发地阔步走向未来。

  刘锦山：王老师，谢谢您接受我们采访。

巴达玛

瑞彩蹁跹爱草原

采访时间：2020 年 4 月 26 日
初稿时间：2022 年 4 月 27 日
定稿时间：2022 年 5 月 27 日
采访地点：赤峰市图书馆"赤峰记忆"拍摄现场
版　　本：文字版

代钦速写

　　哈·代钦　1952 年出生在巴林右旗德日苏宝冷，大专学历。1972—1976 年任巴林右旗乌兰牧骑演员。1976—1978 年在巴林右旗大板一中任教。主要任政治老师和文艺辅导教师。1978 年起在巴林右旗广播站任编辑。2012 年退休。在乌兰牧骑工作期间出于当时乌兰牧骑"一专多能"的要求，掌握了多种才艺。除独唱曲艺外，还学会了弹、拉、吹等技艺。1978 年到巴林右旗广播站接任编辑后，在文学创作方面有了更多的收获，《颂歌献给党》等多首歌曲在市、区报刊和歌集上刊登。1980 年，为表演唱《比勒格》谱写的歌曲获《鸿雁》杂志作曲三等奖。创作和演出的《奇遇》等十几部相声和小品被自治区文学刊物刊用，入选自治区春节晚会演出节目。三次被邀参加全区广播局创作笔会。创作《草原的萨日娜》《神火》《沙漠交响曲》等广播剧。《沙》剧被评为自治区成立 40 周年献礼节目。

《夏天有微风》等十几篇小说前后被多种文学刊物登载。工作之余搜集整理100余首巴林民歌，入选《昭乌达民歌集》《昭乌达民歌汉译集》和《中国民歌丛书》。2005年，受内蒙古电视台邀请，主持的大型直播晚会《幸运相遇》产生了良好的社会效应。2015年，参与《巴林民歌》上下集的配曲和审定工作。新闻题材的作品20多次获上级新闻单位的一、二等奖。曾被选为巴林右旗第四届政协委员、赤峰市记者协会常务理事。中国曲艺家协会内蒙古分会会员。

巴达玛（1944—2006），蒙古族，出生于巴林右旗。中共党员，国家一级舞蹈编导。1959年参加工作，先后任巴林右旗乌兰牧骑队长、指导员，文化局副局长，赤峰市民族歌舞团编导科科长、副团长、党总支书记。在47年的艺术生涯中创编了上百部作品，其中30多部作品荣获国家、自治区、盟市、旗县级奖项。

10余部作品参加国家级比赛，其中独舞《孟克珠岚》于1990年获全国少数民族独、双、三人舞蹈比赛创作二等奖；独舞《玉龙神韵》在1996年全国"群星杯"舞蹈比赛中获银奖；组歌《欢腾的草原》在1994年中国（沈阳）第四届国际民间舞蹈（秧歌）节荣获"金玫瑰奖"创作奖；女群舞《珠岚舞》《五彩情绸》《金色的摇篮》分别获第一、二、三届"萨日纳"奖；独舞《孟克珠岚》获第四届"萨日纳"奖。

刘锦山： 各位朋友，大家好！今天是2020年4月26日，这里是赤峰市图书馆"赤峰记忆"第四期"杰出女性专题"拍摄现场。今天我们邀请到的嘉宾是代钦老师。代钦老师以前是编辑，我们请代钦老师介绍一下赤峰市已故舞蹈家巴达玛老师的情况。巴达玛老师曾经是巴林右旗乌兰牧骑的队长、赤峰市民族歌舞团的副团长。代钦老师您好。

代钦： 您好。

一、从牧羊姑娘到乌兰牧骑队员

刘锦山：非常高兴您能接受我们的采访。首先请您向大家介绍一下您和巴达玛老师的关系，以及您个人的一些基本情况。

代钦：我叫代钦。在巴林右旗广播电视局退休，退休将近10年了。我1971年的时候就参加了乌兰牧骑的工作，在乌兰牧骑待了近5年。

刘锦山：您在乌兰牧骑待了近5年？

代钦：待了近5年。之后我就改行了。当了老师，音乐和政治老师。在大板一中又待了两三年。1978年我被调到广播站当了编辑，广播电视的编辑，一直到退休。

我是巴达玛老师的侄子。我有2个叔叔、6个姑姑。巴达玛老师是我最小的姑姑。对巴达玛老师，我知道的稍微多点儿。

刘锦山：代钦老师，接下来请您向大家介绍一下巴达玛老师的个人生平情况，她的童年、家庭，以及后来怎样参加工作，怎样进入乌兰牧骑的。

图1 代钦（左）接受"赤峰记忆"采访

图2　代钦（左三）在乌兰牧骑演出剧照

图3　1974年，代钦（右三）和乌兰牧骑同事表演群口好来宝

图4　1984年，代钦（右）与著名相声演员刚嘎木仁合作表演相声

图5　代钦在表演四胡独奏

巴达玛：瑞彩蹁跹爱草原　　039

图6　2005年，代钦（右）接受内蒙古电视台邀请主持大型直播晚会

图7　退休后的代钦（1）

代钦：巴达玛姑姑比我大8岁。少年时候我们俩是玩伴。巴达玛姑姑1944年出生。她出生的时候，是第6个女儿，家里人口多。我爷爷是王爷的猎手，跟王爷打猎，给他打狍子、打山羊。那时候我爷爷家住在巴林右旗的德日苏宝冷，就是旗南边那个，现在是德日苏宝冷水库。王爷是大板街的，他的猎手叫德日苏，给他供应鹿肉、狍子肉。我爷爷就是这样的一个猎手。

巴达玛姑姑是牧民家的姑娘，又是一个王爷猎手家的姑娘，因此那时候的生活也不是那么差。她1岁的时候，幸福之路苏木有一个银匠叫奥丁，他没孩子，都40岁了，他想抱养一个孩子。他听说我们家孩子多，一家有6个姑娘，他听说后就想抱养一个。第一次，他骑着黑马来了，说了一天。问题是家里不愿意给。巴达玛是家里最小的，最小的一般家里都不愿意给。他说了一天，喝酒喝一天还没说好，那银匠就回幸福之路了，八九十里地呢。好几天以后，他又跟老婆赶勒勒车来了，来住了两三宿，天天喝

图8 退休后的代钦（2）

图9 代钦（右）和巴达玛

巴达玛：瑞彩蹁跹爱草原　　**041**

酒，天天哭，天天唱歌，就说服我爷爷了。我爷爷心软，没孩子的家确实困难，然后就把我六姑姑让他们抱养走了。他们两口子高兴地把我六姑姑放到勒勒车上，带回幸福之路了。

后来就有问题了，我爷爷奶奶还是疼那个姑娘。我爷爷老是去看，别看八九十里地，总骑着马去看看。他就担心那家对这抱养的姑娘太宠了，这样不好，将来会学坏了，这个那个的。他就说请你们好好教育她，别把我这姑娘惯坏了。他们家也是挺负责任的，把她从小教育得还挺好，还让干家里的小活，不是那个娇生惯养的。

因为我爷爷他们老去看，银匠他们就搬到德日苏来了。说你们那么不放心，我就靠着你们那营子去吧，让她在那儿上学，叫你们放心吧。我爷爷他们也比较同意，来就来吧。银匠他们就来了，我爷爷还帮着他们盖房子。他们来的时候那头的牲畜都卖了。我爷爷奶奶给了他们二十来只羊，还有一头母牛供奶说这是送给姑娘的。他们挺好。

我姑姑那时候上学，上了四年级以后就得了肺结核。本应该去大板接着念书，查出来肺结核不让上学了。就在家里待着了，后来就成了牧羊姑娘。1958年，我姑姑已经14岁了，还没上学。那时候蒙药可能很好，她治得也差不多了。小队那时候没有会计，小队长就让她当会计，当保管员。群众不相信，这么点大还让她当会计。小队长叫宝尔拜拜，他就说这姑娘不错，还念了4年书。那时候牧民大多不识字，念4年书就不错了。就让她当会计了。14岁当会计，又是保管员。那时候都是缺劳动力，活儿多。她就管几个仓库，还有记账。

当了会计后，她就和文艺接触得多了。那时候她姐姐色日格玛也在群众文艺活动上跳过挤奶舞，对她的触动很大。她很激动，姐姐会，她也想会。她就琢磨了，她姐姐跳舞的时候，道具是木头做的一个挤奶的桶，奶桶上面是用皮子做的一个提的把手。她那时候就给姐姐提意见了，跳舞的时候拿着那个皮子不好抓，应该用铁丝做，那就好抓了。她就开始琢磨这些事儿了。下次她姐姐跳的时候，她把那个木头桶外边用红纸、银色纸都包上了，还有那个铁丝的把。果然跳的时候很方便。从那时候开始，她就琢磨这方面了。舞蹈她也琢磨，琢磨姐姐跳的哪部分好、哪部分不好。

后来内蒙古歌舞团来这儿有个演出，她也去看那个挤奶舞了，还有剪羊毛舞。看了以后她的触动更大了。她姐姐比人家跳得差远了，她就琢磨人家怎么比姐姐跳得还好、她姐姐跳的什么动作不如内蒙古歌舞团的。她看后很多动作就记住了，记住了以后她就在当仓库保管员、会计的工作间隙，一个人待着跳，练了一段时间就编出一个挤奶舞。

1959年的时候全旗有一个业余文艺活动，各公社的来比赛。那时候我姑姑跟一个叫锡林珠日嘎的，她们俩跳了个挤奶舞，是她自己编的舞蹈，在旗里的人民广场跳，得了一等奖。一等奖好像是个外皮是竹子编的暖壶。那时候得那个奖厉害了。乌兰牧骑正好建立。巴林右旗乌兰牧骑是1959年建立的。那时候乌兰牧骑指导员是特古斯，队长是成顺。他们就注意到了在这些节目里头，巴达玛跳得很标准。当时乌兰牧骑刚刚建立，他们的舞蹈演员很可能还不如这个。

节目演完了，特古斯和成顺叫巴达玛去了乌兰牧骑。不用考试，直接当乌兰牧骑演员。我姑姑那时候着急了，直接告诉他们自己得过肺结核，学校都不要。后来他们指导员说，那就去医院查一下吧。查了结果出来之后，那个病好了。姑姑非常高兴。从那以后开始去乌兰牧骑工作了。

二、乌兰牧骑全国巡演

刘锦山：代钦老师，请您介绍一下巴达玛老师进入乌兰牧骑后的工作情况。

代钦：在乌兰牧骑工作，巴达玛老师一开始是业余的，去了之后跟不上。那时候，我的婶子——她的叔伯嫂子阿拉坦斯琪格，是舞蹈编导，是她的老师。她开始跟第一个老师学舞蹈。那时候剪羊毛舞、新疆舞、西藏舞、朝鲜舞，都在乌兰牧骑学，自己还编不了。在学的过程当中她和老师两人，还编了一个《接羔舞》。

刘锦山：接羔，接羊羔?

代钦：对，接羊羔舞。

图 10　1962 年，巴林右旗乌兰牧骑合影（右一为巴达玛）

　　第一个创作是在乡下牧区的时候，那个挤奶舞《欢乐的牧民》。第二个是她跟老师一起创作的一个《接羔舞》。正式创作是从《接羔舞》开始的。她接着又创作了《奶酒献给毛主席》，那是 1963 年创作的。1964 年的时候，内蒙古全区的乌兰牧骑有一个培训，结束的时候，她跳了《奶酒献给毛主席》，反响不错，但是没有参加比赛。那个舞蹈评价很高，当时应该有照片。后来"文化大革命"的时候没找着。后来我又回文化厅找了半天，也没找着。文化厅厅长说是他照的，应该有，就是没有找着。那是第二个舞。

　　她当时的舞蹈比较欢畅。那个《奶酒献给毛主席》跟其他《顶碗舞》不一样。她头上就一个碗，其他《顶碗舞》三个、四个、六个都有。她就一个碗，碗里头还有奶酒，但转的时候不洒，她还弹、滴奶酒，做这样一个动作。后来"文化大革命"的时候还有人提，她没献奶酒，那是水，不是真奶酒。她跳时真是有水，有时候是白酒。她在乌兰牧骑待了段时期，就创作了这两个舞。

　　正好 1965 年全国性的巡回演出开始了。这时候巴林右旗乌兰牧骑选拔出 3

个演员，一个是桑布，一个是道尔吉，一个是巴达玛。巴达玛那时候在全国巡回演出的三队，桑布在二队，道尔吉在四队。四队是拍电影，二队是去中部和南部，一队好像是去东部，三队是去西部，去新疆、西藏、青海、甘肃、陕西、四川这边演出。巴达玛就跟三队一起，到这几个省、自治区去演出了。

图11 乌兰牧骑全国巡回演出队在哪里演出，就在哪里参加劳动。图为巴达玛（右一）在兰州市雁滩人民公社和社员一起在田间拔草

他们到西藏、新疆演出，又学节目，又排练，要演他们的节目。他们的节目里头舞蹈比较多，因此巴达玛的任务多、负担重。那时候有《射箭舞》《草原女民兵》，巴达玛以前创作的《接羔舞》也有，还有《顶碗舞》《安代舞》。一个晚会十几个节目里头，有五六个是舞蹈。他们还尝试将舞蹈和说唱一起表演，也就是混合性的节目。巴达玛在这次巡演中进步大，学的东西也多。

图12 《射箭舞》，巴达玛领舞

他们到新疆的时候，天气冷了，棉裤、棉袄都是自己买布做，县城没有卖的。到西藏就更冷了，下雪。

全国巡回演出完了是1965年的12月。他们在陕西演出完了，就到北京了。12月22日，周总理和陈毅副总理招待他们。巴达玛姑姑和二队、三队、一队这些演员，那天晚上都参加了。那天晚上开幕式好像是陈毅副总理讲话，接着

图13 乌兰牧骑队员在布达拉宫前留影（前排左一为巴达玛）

周总理讲话。第二天是总结大会。乌兰牧骑要回去，那时候大家都表态，表示参与了一年多的全国巡回演出学到什么、将来要怎么干。姑姑那时候就表示，我回去以后要好好干，为民族舞蹈做贡献。从后来她的经历来看，那时候她的表态后来都做到了。

回到内蒙古以后，内蒙古建立了一个直属乌兰牧骑。直属乌兰牧骑是从当时四个队里头选拔人员，选拔舞蹈演员的时候我姑姑被选上了。那时候她就面临着留下还是回家的问题。这时候她比较难选择，琢磨了两三天以后，就找了文化局，跟领导说自己还是回去，她很喜爱家乡的乌兰牧骑。实际她没说主要的原因，她是抱养的姑娘，她父母那时候已经60多岁了，没人照顾，就老两口儿，身体也不太好。她先考虑的是，她是一个人家抱养的姑娘，得负责，于是她想回去一边干工作，一边照顾他们。所以她就回来了。

从这里头可以看出她的人格和人品。我这姑姑确实不错。如果现在来说的话，那么好的机会，怎么着先去了再说吧。那时候不一样，人家的观念和思想，还有两个家庭的教育是很重要的。这两个家庭的教育对她来说还是比较深刻的，教到她心里头去了。因此她就回来了。

三、逆境中的舞蹈创作

刘锦山：代钦老师，巴达玛老师回到赤峰后，工作上怎么样？

代钦：回来正好"文化大革命"开始了，乌兰牧骑的正常工作也开展不了了，下不了乡，只能在街上演出。那时候分两个队，乌兰牧骑一部分是造反派队，一部分是保守派队。我姑姑是保守派队，她就接了普通的演出。但是后来也不行了。1968年去了五七干校，1969年的时候，又回到乌兰牧骑。这时候乌兰牧骑又重新开始找演员，找七八个演员。准备差不多了，又不行了，又让他们下乡改造。

我姑姑下乡了半年以后，又调到文化馆做业余辅导。那时候学什么？学小靳庄、大寨、大庆这些，都是这样的节目。我姑姑就全旗里头跑，做业余辅导。在那时候的政治形势下，她编的很多舞蹈都是拿不出来的。别看在"文化大革命"当中，那时候她是真创作，全旗的舞蹈都是她辅导出来的，每年都有文艺比赛，互相比赛也是跳她编的舞蹈。

图 14　巴达玛（中排右四）在辅导业余文艺宣传队队员时合影

1974年辽宁（赤峰于1969—1979年属辽宁省）有个巡回演出，那时候是规模比较大的。鞍山和大连出一个小文艺队，咱们赤峰出两个文艺队，一个是翁牛特旗，一个是巴林右旗，编舞蹈，编节目，编一套晚会。省里来看节目的都是艺校的、前进歌舞团的，看了以后说不合格，这样的全国巡回演出不掉价吗？创作人员和编舞、作曲没人了，要他们马上拿出来一台晚会。谁拿得出来？咱们都是新手，拿不出来，就挑了那几个节目。人家看了说，这样的节目没法去，让再找一个队来。

与赤峰市别的队相比，这两个队还是比较好的。当时的队长桑布着急了，这怎么整？老队员还得找回来，但是人家都已经调出去了。道尔吉调到宝日勿苏中学当文艺老师，斯琴朝克图调到幸福之路当老师，巴达玛在文化馆做业余辅导，没有办法把这三个人找回来。桑布到旗里去找书记旗长。那时候是"文化大革命"时期，主任、书记他们也不敢动。这些人都还没平反，你马上用行吗？不行。后来由宣传部通知他们，不用不行了。当时把我借调过去，他们三个也都来了。

大概来了一个星期吧，好来宝也出来了，表演唱也出来了，巴达玛的舞蹈也出来了。一个星期基础就打出来了，计划就出来了，半个月就基本上开始排练了。巴达玛那时候有一个《挤奶场上的早晨》舞蹈，就是北京来的青年在挤奶场学挤奶。还有个《演兵场上》，桑布编的、巴达玛改的。巴达玛又编了一个《欢腾的草原》，表现那达慕大会，那里头舞蹈是组合舞，有射箭啦、赛马啦、摔跤啦。这个舞蹈希望比较大，这次演出肯定好。一个月后，这时都排练完整的了，十几个节目出来了。前进歌舞团、昭乌达盟文化局及直属乌兰牧骑都来看，还有一部分群众，节目很受欢迎，这乌兰牧骑真拿出来了好节目。

但是晚上总结的时候又说，节目不合格，没有政治性，欢乐那达慕，现在玩儿行吗？是玩儿的时候吗？这一判定，整个十几分钟的节目又不行了。这又困难了，巴达玛也难受，好不容易一个月才整出来的好节目。那里头我跳了一个摔跤舞，赵林和我俩人跳的。跳着跳着，我把赵林顶到头上，两个脚朝上，转了两下，我一扔，赵林站起来了。后我一脚跟把他绊摔了，他个儿比我小嘛。这是一个幽默型的动作。

这个节目被拿下来，还缺了十几分钟，巴达玛老师很着急。桑布也是跳舞的，当队长，又会拉马头琴，他们俩琢磨了一个讲牧羊姑娘的《风雪护羊群》。巴达玛老师本身就是牧羊姑娘，对牧羊姑娘了解比较深刻，他们俩创作了一个大风雪天牧羊姑娘放牧的故事，跟那个龙梅和玉荣的题材一样。她跟风雪奋斗，被埋住了，找不着了，后面群众演员骑马去找。黑夜，灯也是暗的，第二天找着了，在那儿晕过去了。大概半个月以后，这舞蹈又汇报演出。辽宁省来的领导说，这节目好，比那个玩乐的好多了，有意思，有情节，有故事。我们去辽宁又培训半个月，这节目还这儿改、那儿改。改了半个月以后，开始在辽宁省沈阳市

图15 1974年，巴达玛（右一）和乌兰牧骑队员排练群口好来宝《备战备荒保边疆》

图16 巴达玛编导的舞蹈《演兵场上》

演出，试探试探，看看欢迎度怎么样，好了以后，再在辽宁省巡演。

我们是在辽宁的南部和东部演出，大连、丹东。翁牛特旗是辽宁的北部，那时候我们赤峰是辽宁管的。南部的各城市都转了，欢迎度不错。那时候乌兰牧骑跟现在不一样，你到工厂以后，洗衣服、洗碗，这些都得干。一天咱们差不多晚

图17　乌兰牧骑在辽宁演出《挤奶场上的早晨》

上演出，白天两三场。巴达玛老师任务完成了以后就回去了，没跟上。

为了排《欢腾的草原》，巴达玛老师还从下边抽调两个演员——月英和张燕，她们分别是牧民姑娘和在校学生。后来要求人员必须14个。大型节目要拿掉了，把人家学生用了两个月又送回去了。巴达玛老师把她们送到车站，那两个演员走时还哭着，巴达玛老师也流着眼泪送她们。巴达玛老师很难受，觉得她让那个学生耽误了两个月的课，本来她挺有把握的，巡回演出完了就能留下当真正的演员。这些演员是巴达玛老师在业余辅导时发现并努力培养出来的，最后没有留下，没办法，那时候是命令。回去巴达玛老师还给她们家长一个个写信，说对不起她们。

那次演出一个多月后，《风雪护羊群》的主舞高娃（现在歌舞团退休了）蒙

古袍的后边被汗浸得都烂掉了，成了窟窿。那时候辽宁夏天就热到那个程度。我们互相换了衣服，她怎么也不能穿大窟窿的衣服上去吧。两个人的衣服，桑布老师和高娃老师的衣服都烂掉了。巴达玛老师那时候回去也有说到。

四、重回乌兰牧骑后

刘锦山：代钦老师，您再介绍一下巴达玛老师在"文化大革命"后的工作情况，以及后面进入歌舞团的情况。

代钦：1976年对巴达玛老师来说是一个转折点，她重新开始编舞、跳舞。别看快40岁了，那时候还是自己跳。1976年乌兰牧骑开始正规了，巴达玛老师回乌兰牧骑当队长。巴达玛老师来的那年，我正好调到大板一中。巴达玛老师调到乌兰牧骑以后就开始解决演员问题。她找旗里，一年多里头就招了十几个演员。这十几个演员，都是巴达玛一个个争取来的。巴达玛老师为这事一直跑，差不多天天找，舞蹈演员、曲艺演员，找了十几个人。我们这样的老队员，都改行了。所以巴达玛老师一边招演员一边编舞。第一个舞还是《欢腾的草原》。1976年稍微放开了，以前的《顶碗舞》都拿出来了，以前的老式好来宝，还有其他一些老节目也拿出来了，节目就丰富多了。

1976年是个好年头，巴达玛老师回乌兰牧骑了，她很爱这一行，重新有生命力了，开始干了。她首要解决的问题就是演员问题，之前几年的演员，老的老了，干不了的也干不了了，一部分人改行。我就是一个例子。但是我不是改行，我得病了。那时候得肝炎，得肝炎以后我就干不了了。急性转慢性，我吃药好像是吃了五六年吧。我以前在乌兰牧骑的时候，还是一专多能吧，唱独唱、高音、四胡、笛子独奏、舞蹈、好来宝，我都上。我也写曲，在辽宁学习过好几次写曲子，因此能编曲子、写曲子。但是我身体实在顶不住了，检查了没办法，就改行当老师了。

巴达玛老师跑了一年，乌兰牧骑发展到24个演员。演员问题解决后，就开始排节目。排了一套晚会，后又排到两套晚会了。待着不行啊，重新开始下乡。那时候巴达玛老师有个计划，全旗巡回演出，整个旗一年里头都得演出完，两套晚会都得给老百姓看看。

开头的就是巴彦塔拉苏木乡宝木图嘎查那儿的营子。她领着二十来个人，轰轰烈烈地去了。那时候还是大车套马。那时候老百姓大概10年没看着乌兰牧骑了，来一次，那欢迎程度不一样啊。老老少少都来了。在那个营子里头演出的时候，其他营子、嘎查、大队的也都来了，好几百人看演出。演出完了效果挺好，很受老百姓欢迎，有人还念叨10年前的乌兰牧骑，桑布、道尔吉呀怎么看不着呢？斯琴朝克图都没来，怎么啦？姑姑一个个回答，谁在哪儿，谁挺好的，现在怎么样，都得答复。这就忙不过来了。老百姓发问的，那我们就都回答。后又安排饭，吃完饭接着去幸福之路演出去了。

那天晚上演出快要完的时候，昭乌达盟委宣传部部长结实[1]找到他们了。去旗里他们不在，他直接到幸福之路找他们去了，他还看了演出的后半部分。看完演出以后，他通知大家一个好消息，明年要搞东三盟[2]的表演，汇报演出，请乌兰牧骑参加，大家都拍手欢迎。他看了节目以后就说，什么什么节目怎么好。这里头有个《战白灾》，这个好来宝是巴达玛老师编导的。这是乌兰牧骑整合以后，第一次参加省级的节目比赛，去参加辽宁省曲艺比赛，都是一等奖，创作一等奖，表演一等奖，巴达玛老师的编导一等奖、服装一等奖。三四个一等奖，都拿下来了。结实也说了，正好也参加辽宁省的优秀节目评选。

巴达玛老师那时候编的第一个舞蹈是《珠岚舞》，题材就是下乡当中去珠腊沁看到的情景。查干沐沦的珠腊沁，珠腊沁就是珠岚的意思。那时候清朝的淑慧公主嫁给巴林王爷。淑慧公主死了以后，康熙皇帝就给她盖了个庙。这营子的牧民每年都给她拜年点珠腊。[3]巴达玛老师就按照这个题材编的《珠岚舞》。《珠岚舞》是群舞，《孟克珠岚》[4]是独舞，后又编的。《珠岚舞》出来了，《弓舞》还有

---

[1] 结实（1928—1997），蒙古族，又名鲍俊祥，内蒙古敖汉旗人，党员。曾担任昭盟委宣传部领导职位，后任赤峰市人大首届常委会副主任。
[2] 指兴安盟、哲里木盟、昭乌达盟。
[3] 珠腊，意为佛灯。
[4] 孟克珠岚，意为长明灯。

图18　1984年,《珠岚舞》剧照

其他很多她编的舞蹈,如鞭鼓舞也出来了。这样,一个晚会里头有好几个舞蹈了。还有《欢腾的草原》组舞。两套晚会的舞蹈,组成一套好晚会是没问题的。那时候结实部长说:"你们的节目太充足,太好了,你们就参与东三盟的节目,要保证好。"那天晚上老百姓和乌兰牧骑一起跳舞,参加烟火晚会。散了后乌兰牧骑继续走,又到白塔寺。

去白塔寺的时候正好阿尔山艾力在举办那达慕大会。碰上那达慕大会,这就是好机会。乌兰牧骑拿着旗子,穿着服装就入场了,要参加他们的活动。乌兰牧骑那几个年轻的还参加摔跤了。

巴达玛老师那时候怎么回事?结束演出以后,旗里有个会议,她跟结实部长一起到旗里开会去了。那时候乌兰牧骑是一般嘎查算分队,这叫游击战,几个几个分,到苏木的时候又合起来大会战,一起演出。正好阿尔山艾力那达慕的时候,他们二十多个人都走到一起,到那儿参加那达慕大会。那达慕举办三天,巴达玛老师的会议一天就开完了。开完了巴达玛老师不放心,还是跟他们一块儿巡回演出。开完了会,她家都没回去,直接坐班车到苏木。到苏木有车,但到阿尔山艾力的四十多里地没车。巴达玛老师就走着,路还不知道,她还得打听。正好过那个阿尔山河,她还喝了那个河水,走着走着下午就到了。一到乌兰牧骑气氛就不一样了。巴达玛老师来了，那些老百姓也都认识她，都喊"巴达玛来了，以前的舞蹈家，以前跳《顶碗舞》的舞蹈家"。巴达玛老师那天晚上还要参加晚会。整个那达慕三天晚上都有演出，演出完了后又往苏木去。当中有个嘎查，叫和硕茫汗，巴达玛老师也安排了几个人演出。

　　在那儿演出完，从和硕茫汗到苏木的时候，下大雨了。雨很大，发了洪水。他们从和硕茫汗那边到苏木的路是山当中的路，洪水有 1 米深，下雨的时候车都躲旁边。那时候有汽车了，他们一个月前去时还是大车、马车，到白塔寺的时候有个嘎斯车，新安排的，当中派了一辆车，苗师傅开车。苏木当天晚上要演出了，可回不去了。玉山指导员都在那儿搭台了，怎么办呢？他们只能等着，等着雨停了，但是洪水还那么深。苗师傅是转业军人，部队里头锻炼出来的，他说山坡上可以过去。这些人相信苗师傅，那就开着车过吧。这山坡的坡度是比较陡的。走到当中以后，坡度就大了，往下滑了差不多 1 米，这时候大家吓坏了，怎么办呢？巴达玛老师有个妙招，用大家的行李绳子，还有蒙古袍的带子，把那车的上边儿拴住，二十来个人拽，车继续走，行不行？苗师傅琢磨琢磨，也没其他办法，往后退也退不了了，只能往前走。所有行李绳子、蒙古袍带子到上面捆着，绑了，乌兰牧骑二十来个人，上边走着拽着，车慢慢走着，还往下滑着呢。一步一步走，终于过了那个最斜的坡。

　　这样，他们在整个北部和东北部演出完回来了。这里头也有个小故事。他们那时候正好放假，8 月份学校放假了，他们去巴彦尔登演出，巴达玛老师跟着走，找题材创作。他们演出途中她就编舞或者创作。巴彦尔登那时候是大沙漠，跟现在不一样。去巴彦尔登的时候那个嘎斯车去不了，只能马车去。去了以后那天晚上，在巴彦尔登嘎查演出的有个叫乌云花的独唱演员，肚子疼得实在不行了，但是她的独唱节目到了。巴达玛老师说实在不行，换那个玛希的好来宝顶替她，乌云花还是坚持上去唱了，唱下来就不行了，趴在那儿了。演出快要结束了，巴达玛老师和玉山指导员他们俩，把乌云花扶到学校的教室里头，让她在课桌那儿躺着。躺着她还疼。哎呀，巴达玛老师着急啊，这怎么整啊？医生也没有，乡下哪有医生啊。他们演出完已经 10 点多，队员回来了。那里头有个叫哈斯的，他是一个大夫的儿子，他好像明白点儿。他把乌云花的腿往下往上摆动几下以后，说这肯定是急性阑尾炎，不马上做手术的话，粘连住就麻烦了，应该到大板去。11点了，又是黑天，那个赶车的师傅是陈师傅，六十多岁的师傅，这怎么走啊？没办法，整个乌兰牧骑都着急。乌兰牧骑带了医务用包，那里头找了一个安痛定，给乌云花打了个安痛定，当时缓解一下了。

嘎查书记也来了，晚上也找不着马车，怎么整？他忽然想起来，这个嘎查有个战备的电话，可能跟旗里通，但好几年不用了，试试看。巴达玛老师她们跑着，跟这个嘎查达去了，就是大队长，去了一打，真通了。打通以后，说我们有个病号，四十多里地，晚上，都是沙漠路，一般车也去不了，去也是好几个小时，你们派个车吧。正好政府办公室开车的张师傅，他也是转业军人。巴彦尔登他找不着，跑到林西那边去了。他们等到凌晨三点多钟。这乌云花1点多又开始疼，他们一夜没睡，巴达玛老师、玉山指导员他们俩陪着乌云花。三四点的时候，从西北那块儿来一辆车，才把乌云花拉走。

巴达玛老师从4点来钟开始睡，睡到7点的时候队员都吃完饭了，接着准备去贵靳苏台了。巴达玛老师起来就走，饭都没吃上。巴达玛老师在巴彦尔登的时候编了个舞《锦鸡儿》。锦鸡儿是沙漠上长的那个东西，来风暴的时候都趴在那儿了，但是太阳出来后就又站起来了。它的生命力就那么强，实际是说人呗。《锦鸡儿》那个舞蹈创作出来了。还有个《紫花苜蓿》，紫花苜蓿是人种的那种

图19　1986年，《锦鸡儿》剧照

草。两个舞就这样创编出来了。

刘锦山：代钦老师，巴达玛老师什么时候调到赤峰市民族歌舞团的？

代钦：1987年调令来了，她去的时候是1988年。她在乌兰牧骑时不住家里，而是在乌兰牧骑跟队员一起住，她住在大板街的西部。那时候她不会骑车子，也没车，她为了工作跟队员一起住。那时候正好碰上了内蒙古自治区乌兰牧骑成立三十周年，她就为这个晚会做准备。刚才我说了，东三盟的汇报演出是她那时候准备的，还有乌兰牧骑三十周年的节目也是她准备的。

在东三盟演出了《珠岚舞》。《珠岚舞》一开始出来时，有一部分人对它评价不高，东三盟会演的时候又肯定了它，这样的舞蹈应该出来，这是好舞蹈。后又把她那个舞蹈选到全国少数民族文艺会演里头，自治区选上了，获了优秀奖。那时候没有一等奖、二等奖，比赛获优秀奖。乌兰牧骑成立三十周年和东三盟的文艺会演这两个任务都完成以后，巴达玛老师调到赤峰市民族歌舞团任舞蹈编导。那时候还不是团长。

刘锦山：什么时候担任的团长？

代钦：团长是一年以后吧，1989年。本来1987年下的调令，因为乌兰牧骑有些事情没处理完，她是1988年到的。1991年团里头排了个《沙格德尔》，演出效果不错，在自治区还得了奖，服装设计、导演、编导都是巴达玛老师。

刘锦山：您再简单介绍一下巴达玛老师到赤峰市民族歌舞团以后的工作。

代钦：在赤峰市民族歌舞团她一开始就是编导了。赤峰市民族歌舞团的舞蹈当时不行，调巴达玛老师的目的就是把舞蹈搞上去。巴达玛来这儿以后，除了让赤峰市民族歌舞团表演在乌兰牧骑演出的一部分舞蹈以外，她还重新创作了很多舞蹈，这里头有《乳香飘》《草原上升起不落的太阳》《老鸟》。《老鸟》是一只老鸟把小鸟养大了以后离开的情景，那只小鸟长大以后靠自己，就按照这个来编的舞蹈，这是比较出名的。还有《五彩情绸》和《金色的摇篮》。《金色的摇篮》是赞颂伟大的母亲，这个舞蹈是代表内蒙古自治区在人民大会堂演出的舞蹈。

图20 1987年，巴达玛编导、巴林右旗乌兰牧骑苏布敦花领舞，鄂托克旗乌兰牧骑表演的舞蹈《金色的摇篮》进京演出

五、卓越的艺术创作成就

刘锦山：代钦老师，接下来请您再向大家介绍一下，巴达玛老师的创作情况，尤其是一些典型作品创作的具体情况和获奖情况。

代钦：我们知道她创作了一百多部舞蹈。她曾经带队到人民大会堂去演出，也获得了好多荣誉。巴达玛老师这一辈子，虽然统计不是那么细致，大概是创作了一百部以上。都这么说。她自己也说了，一百来个不落。

我后来参与编写这本书[①]的时候也统计了她比较出名的舞蹈，乌兰牧骑正式专业团队演出的舞蹈就四十多个，还有她业余编导的舞蹈也是五六十个，那是没拿出来的。她四十多个舞蹈里头，《孟克珠岚》独舞，获的是国家级的奖项，是国家舞蹈比赛创作二等奖。还有一个《欢腾的草原》，在中国（沈阳）第四届国

---

① 指《孟克珠岚——巴达玛及其舞蹈艺术》，内蒙古人民出版社2014年版。

际民间舞蹈（秧歌）节上获"金玫瑰奖"。那是在辽宁省比赛的，各国的民间舞都有，巴达玛老师带着赤峰市民族歌舞团去的。组舞《欢腾的草原》是"文化大革命"时候创作的题材。这歌舞团演出就跟乌兰牧骑不一样了，演员就多了，演出舞蹈的就三十来个人。巴达玛老师还获了内蒙古自治区"五个一工程"奖，一等奖、二等奖就太多了。这四十来个舞蹈都是这样得奖的。

这里头比较值得提的是"萨日纳"奖。"萨日纳"奖是咱们自治区文化的最高荣誉。巴达玛老师的五个舞蹈都得过这个奖。第一个是《珠岚舞》群舞，第二个是《孟克珠岚》独舞，第三个是《五彩情绸》。《五彩情绸》这舞蹈，歌舞团都到加拿大演出过。《孟克珠岚》在俄罗斯也演出过。这些都是比较有代表性的。第四个是《金色的摇篮》。那是代表自治区去北京人民大会堂演出过的。第五个是《草原上升起不落的太阳》。这舞蹈场面大，题材也宏大，跳舞的有三十来个人。后边出太阳的时候，下面看的人激动地哭了，觉得很震撼。

刘锦山：您前面也讲了《珠岚舞》《孟克珠岚》当时创作的一些情况，还有这方面的小故事吗？再给我们讲一两个她这些代表作，比如说《草原上升起不落的太阳》《五彩情绸》等，她当时创作的一些具体情况。

代钦：《五彩情绸》，这是一个古典式的舞蹈。蒙古族有个著名作家，清代的尹湛纳希，写了部小说《一层楼》，《五彩情绸》的情节就是从这个小说中借鉴来的。这个舞蹈创作的过程就是，舞蹈情节在社会上找，诗里头找，故事里头找，历史书里头找。

古代时候，牧区姑娘为了让老天保佑，就拜天、拜庙。庙前边有搁点心的，木制的一个小盆儿似的东西，里头搁着绸子。五个女孩把各自的绸子放盆里，晚上在月亮下放着。男的来了，抓这个绸缎，抓着的意思就是他女人了。那五个女孩跳着把那个绸缎一搁，在那儿放着，还在这儿跳着舞。五个男人出来，动作很幽默，他们就挑了挑，抓的时候，这一拽，里头那绸子挺长的，三四米长。这个情节就开始了。我是你的了，你是我的了。五对，成对了。这就是一个恋爱的过程。这个舞蹈就出来了。

图 21　1987 年,《五彩情绸》剧照

　　《孟克珠岚》是巴达玛到雍和宫所见所感后创作的。雍和宫大佛面前有个孟克珠岚，永远不灭的一个珠岚灯。有专门的喇嘛给它倒油，一年 365 天不熄灭，她就看着这个珠岚，回去就编舞。舞蹈的含义是很深的，孟克珠岚是永远不灭的火灯，人的心也是永远火灯似的燃烧着。舞蹈就是按照这个含义编出来的。

　　还有个《金马驹》。《金马驹》是从巴·布林贝赫诗人写的《金马驹》里头琢磨出来的。三个姑娘把头发放出来，小马驹似的，头发像那种马鬃似的。她从京剧和南方少数民族舞蹈中学来甩头发的动作，头发一甩的时候一跳蹦，这舞蹈是比较出名的。《金马驹》是三人舞。

　　刘锦山：巴达玛老师创作灵感很广泛，有时候到寺庙里边，受珠岚的启发；有时候受书里边、过去的作品、历史启发；还有在生活当中受到启示。

　　代钦：诗歌当中也找，小故事里头也找。巴达玛老师编了佛教题材的四个舞蹈。一个是《珠岚舞》，一个是《孟克珠岚》，还有个《希博舞》。《希博舞》是庙里跳查玛那个，两个手拿绸缎。还有《绿度母》独舞，在自治区得了一等奖。

　　刘锦山：巴达玛老师对服装设计也挺有研究？

图22　1985年,《金马驹》剧照

代钦：对。

刘锦山：这方面情况您简单介绍一下。

代钦：服装设计她从小比较爱好。抱养她的母亲和她亲生母亲服装都做得好，也都信佛，这也是她佛教舞蹈多的原因。

她从小针线活很好，蒙古族的绣花啦、绣蒙古靴子啦、蒙古袍啦，她从小就会。因着乌兰牧骑的需要，演出服装比较现代、比较华丽，那样的服装她也设计得了。演出服装里头有很多生活的元素，她的服装设计比较受欢迎，老百姓看了舒服。现在有的做得太华丽了，不像蒙古袍，也不像汉族古代袍，像个外国风衣似的。巴达玛老师是在传统上改编，一改就行了，舞台上、灯光下效果好就行了。她就琢磨这个。比如说巴林蒙古袍里头，女的穿黑夹克。巴达玛老师设计的就不是纯黑的，它那边儿上是光滑的，灯光下亮出来了，里边穿白的，黑白对比很鲜明。还有绿的。巴达玛老师的原则就是从生活中来，可以适当地创新。确实，到自治区演出以后获奖了。

还有巴达玛老师编导的民族剧《沙格德尔》，整个服装是巴达玛老师亲自设计的。跟生活靠近了，也得过奖。她舞蹈百分之八九十都是自己设计服装，自己做。她那个做活，乌兰牧骑都忙不过来。她到乡下牧民那儿请来缝纫师，让她们帮忙，自己设计，就让她们做。这样乌兰牧骑又省钱，效果也好。

内蒙古自治区有一次举办乌兰牧骑成立三十周年演出，乌兰牧骑 13 个节目获了三十来个奖，服装、表演、创作，反正她参与的舞蹈没一个不得奖的。《孟克珠岚——巴达玛及其舞蹈艺术》是贾作光写的前言，那是舞蹈界的大专家。贾作光说，巴达玛这样的创作舞蹈家咱们中国少有。第二个是斯琴塔日哈，那是咱们蒙古族的“舞蹈皇后”。她说，巴达玛的创作作品这么多，这样的舞蹈家内蒙古没有第二个。还有敖德斯尔，蒙古族大诗人，他也给写了评价。其他内容就是歌舞团的人写的了，50% 是我写的。

刘锦山：代钦老师，巴达玛老师除了舞蹈创作以外，还写过一些文字作品，这方面的情况您给大家介绍一下。

代钦：巴达玛老师经常创作舞蹈，她写作方面有底子。她就按照工作的需要，整理了中国少数民族舞蹈的概况。比如动作的图、曲子，搜集了这一类的材料。还有她搜集了咱们赤峰舞蹈的形式，这里头有南部的好德歌沁。那是一个舞蹈形式，就是喀喇沁旗那一带的舞蹈。克什克腾旗的《甩肩舞》，还有阿鲁科尔沁旗的《宫廷舞》。为什么是宫廷呢？那

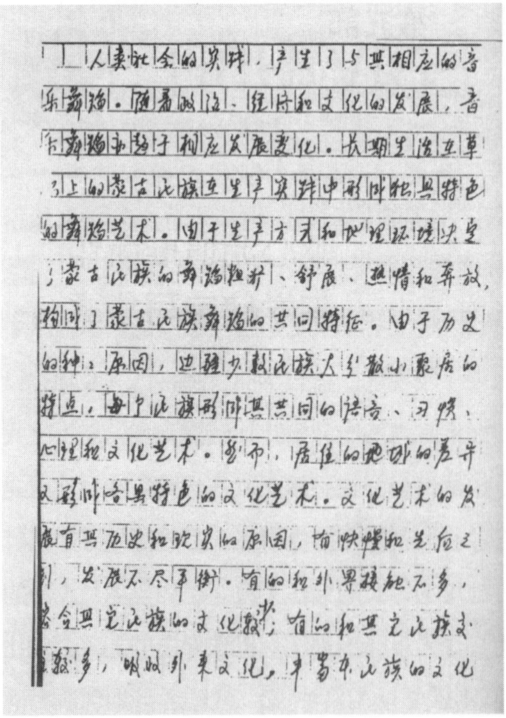
人类社会的实践，产生了与其相应的音乐舞蹈。随着政治、经济和文化的发展，音乐舞蹈也与之相应发展变化。长期生活在草原上的蒙古民族在生产实践中形成独具特色的舞蹈艺术。由于生产方式和地理环境决定了蒙古民族的舞蹈粗犷、舒展、热情和奔放，构成了蒙古民族舞蹈的共同特征。由于历史的种种原因，边疆少数民族大多数小聚居的特点，每个民族形成其共同的语言、习惯、心理和文化艺术。然而，居住的地域的差异又形成各具特色的文化艺术。文化艺术的发展有其历史和现实的原因，有快慢和先后之别，发展不尽平衡。有的和外界接触不多，受其它民族的文化影响较少；有的和其它民族交往较多，吸收外来文化，丰富本民族的文化

图 23　巴达玛手迹

图 24　巴达玛学术论文《蒙古舞浅析》

时候皇帝的公主嫁给这些王爷以后，带来一部分音乐和舞蹈。巴达玛老师从那里头找东西，就写这些材料。还有跟李宝祥同志一起写，蒙古舞今后发展方面的建议、提议、想法。这是一篇论文式的东西。写了这几个大作，都发表了。如她写的中国少数民族舞蹈的概况，被收在一个大词典里头。

六、家人与学生

刘锦山：巴达玛老师不仅艺术创作方面很精湛，而且还把这些经验总结出来，都非常好。最后请您给大家介绍一下，巴达玛老师家庭方面的一些情况，以及您对她的印象。

代钦：巴达玛老师的丈夫叫云华，内蒙古西部的蒙古族。他是在粮食部门

图 25 《孟克珠岚——巴达玛及其舞蹈艺术》书影

工作的老会计，专业就是打算盘。他们有三个孩子。大的是姑娘，叫塔娜，在日本仙台工作，她的女婿是日本人，她是心理学专家，尤其是儿童心理学。二儿子那日苏，在赤峰药厂工作，二儿媳妇在鸿新，在赤峰市工会工作。她的小儿子那日根，在日本东京工作，小儿媳妇也是叫塔娜，兴安盟人。他们在日本，两个孩子，二儿子有一个孩子，塔娜也有一个孩子。他们在各行各业上，工作也比较出色。

1983 年末，她的大姑娘塔娜想给母亲出一本书，和我提了一下，和巴达玛老师一起工作的那几个，道尔吉老师不在了，桑布也不在了，好多老演员都不在了，她想请我给巴达玛老师写个书，我是她表哥嘛。那时候我已经扔了笔好几年了，不想写了，当编辑三十多年以后，真想不写东西了。我一开始没答应。后来塔娜又来电话说，就得你了，你行动吧。我就慢慢动笔了，差不多半年多编了《孟克珠岚——巴达玛及其舞蹈艺术》这本书，云塔娜是主编，我是编委之一。我让她看看，当时问她，还让谁给写？她说让我找。歌舞团谁写？白立平、黄伟光，让他们写。

一开始我是用蒙古文写的。后来内蒙古日报社的高级编辑、副社长岱钦给我翻译成汉文。稿半年出来，他一个月就翻译出来了。2013 年开始的，2014 年这本书就出来了。社会反响也很好，几千本马上就送出去了。一本也没卖，塔娜的意思是不卖，巴达玛老师一辈子不是为了钱，而是为了工作。她才 62 岁就去世了，跟工作劳累有关。她退休了还创作，去克什克腾旗创作，去奈曼旗创作。她退休以后给乌兰牧骑创作的作品也有十来个。那些舞蹈在盟里、自治区里都得过奖。

比如说奈曼旗乌兰牧骑跳的《顶碗舞》。《顶碗舞》那创作绝了，人家蹲下来转，以前那个《顶碗舞》是站起来转。奈曼旗的姑娘蹲下来就转两圈儿。那么受欢迎！在那儿也创作过《契丹女》《勒勒车·安代》。这里不是安代的故乡吗？《勒勒车·安代》也获奖了。她退休以后，科尔沁区那个旅游点找她创作了好几个舞蹈。那时候她就带着学生培养了。

她以前的学生很多，歌舞团十来个，乌兰牧骑十来个，包文华、乌云，还有巴托拉。那几个以外不太清楚了。乌兰牧骑我特清楚，高娃现在从歌舞团退休了，珠日嘎和额尔敦花也从歌舞团退休了。那些旗县乌兰牧骑舞蹈演员，后又都跟着巴达玛老师来了，调到这儿来了，都是舞蹈的尖子。还有道尔吉，电影演员，他参与很多电影的摄制，现在在巴黎，以前乌兰牧骑的。萨仁高娃，她最得力的舞蹈演员，她的《巴林蒙古女性》舞蹈获"荷花奖"，这是中国舞蹈界的最高荣誉。其他二十多个学生得的国家奖、自治区奖，加起来，起码得一百多个。好多现在在深圳、云南，都是少数民族舞蹈编导，巴达玛老师退休以后发展到那儿去了。

刘锦山：通过您的介绍我们了解到，巴达玛老师工作上面非常努力，奉献很多，也培养了很多优秀的弟子和学生，把这个艺术事业能传承下去，也为咱们赤峰地区、内蒙古地区，甚至全国的舞蹈艺术事业做出了很大的贡献。通过这本书，读者也可以非常详细地了解巴达玛老师一辈子做的工作、做出的成就。非常感谢您接受我们的采访，代钦老师。

代钦：谢谢你的采访。

姚玉梅

桃李满园竞芳菲

采访时间：2020 年 4 月 26 日
初稿时间：2022 年 5 月 9 日
定稿时间：2023 年 12 月 1 日
采访地点：赤峰市图书馆"赤峰记忆"拍摄现场
版　　本：文字版

姚玉梅速写

　　姚玉梅　汉族，中共党员，本科学历，中学正高级教师，1965 年 1 月出生，1982 年参加工作。1983 年 9 月—1985 年 7 月，就读于赤峰师范学校普师专业；1993 年 3 月—1996 年 2 月，参加内蒙古自治区自学考试指导委员会汉语教育专业专科学习；1998 年 8 月—2001 年 8 月，内蒙古民族大学思想政治教育专业本科函授学习。1982 年 6 月—1985 年 8 月在翁旗山嘴子总校工作；1985 年 9 月—1986 年 8 月在翁旗乌丹一中工作；1986 年 9 月—2002 年 2 月在翁旗乌丹实验小学工作，担任教导主任；2002 年 3 月—2005 年 12 月在翁旗乌丹第二小学工作，担任校长；2006 年 1 月—2013 年 8 月在翁旗乌丹第三小学工作，担任校长；2013 年 9 月—2017 年 8 月在翁旗乌丹第四小学工作，担任校长；2017 年 9 月—2020 年 12 月在翁牛特旗教育教学研究中心担任主任职务，负责全面工作；2020 年 12 月调入翁旗乌丹第四小学从事教育教学研究指导工作。

曾获得"全国模范教师""全国教育系统巾帼建功标兵""特级教师""内蒙古自治区教学能手""内蒙古自治区学科带头人""国家级骨干教师""草原英才"等称号，多次受到赤峰市人民政府及当地政府"记功奖励"；被评为"课改先进个人""优秀教师""名教师""名校长""赤峰市优秀校长""赤峰市人才培带人"。在教育教学研究中，取得国家级、自治区级、市级科研成果奖十余项；撰写了40多篇论文，分别获国家、自治区、市、旗优秀论文奖；参与的"小学生心理健康教育"课题获得国家级科研成果奖；"小学语文整体改革研究"获得自治区级科研成果奖；"中华优秀传统文化与现代语文课堂教学实践研究""小学语文阅读教学有效性的研究"获得国家级科研成果奖；2016年6月出版26万字个人专著《杏坛随感录》，2020年5月出版14万字个人专著《见证》。先后当选为中共赤峰市委员会第五届、第六届党代表，赤峰市第七届人大代表。

从一名普通教师到名教师，从一名校长到赤峰市名校长，从一名教学研究指导者到教育教学管理引领者，从教四十余载，她一步一个脚印，把自己的青春和心血默默挥洒在教育这块沃土上。在她的不懈努力下，学校的教学环境不断优化，教学条件不断改善，教师队伍整体素质得到全面提升，优良的教育生态环境在逐步显现。用心去想，用心去做，姚玉梅在教育教学的道路上走得坚定，走得扎实。

刘锦山：各位朋友，大家好！今天是2020年4月26日，这里是赤峰市图书馆"赤峰记忆"第四期"杰出女性专题"的拍摄现场。今天我们邀请到的嘉宾是赤峰市翁牛特旗教育教学研究中心主任姚玉梅老师。姚老师是特级教师、全国模范教师。

姚老师，非常高兴您能接受我们的采访。

姚玉梅：谢谢您，刘总。

一、桃李一生

刘锦山：姚老师，首先请您向大家谈谈您个人的情况和职业生涯情况。

姚玉梅：我1965年1月出生在翁牛特旗山嘴子乡，现已合并到乌丹镇。在家乡读小学、初中，高中还没毕业的时候母亲生病了，我就回了家，那是1980年。

回家之后，正好家乡也缺老师，我就考了民办教师，一干就是3年。1983年通过自己的努力考到了赤峰师范学校，成了当时所说的"拿到大粮本"的公办教师。在赤峰师范学校学习了两年，毕业之后，我被分配到了乌丹一中教初一语文。一年之后，我又被调到乌丹实验小学，这也是一所百年老校，一干又是16年。2002年3月，我被调到了乌丹二小，在当时这是城乡结合的一所学校，生源不太好，我去的时候就是副校长主持工作，一年之后转的正，在二小一干又是近4年。到2005年底，我被调到了乌丹三小，一直到2013年的8

图1 姚玉梅（左）接受"赤峰记忆"采访

图 2　1985 年 6 月，就读于赤峰师范学校的姚玉梅（前排左一）与老师和同学的毕业合影

月，干了 7 年半。之后我又被调到了乌丹四小，乌丹四小是一所新建校，它是根据城市功能化配套的一所小学，地处镇区的西南边缘，位置比较偏僻。我在乌丹四小又干了 4 年，到了 2017 年 8 月，我又被调到了翁牛特旗教育教学研究中心，一直工作到现在。这是我整个的工作经历。

翁牛特旗教育教学研究中心也是一所学校。它原来是进修学校，改革之后变成了教育教学研究中心。

图 3　2001 年，姚玉梅在乌丹实验小学备课

图 4 2015 年，姚玉梅在乌丹四小语文教学研讨活动中承担示范课

二、杏坛盛誉

刘锦山：姚老师，刚才通过您的介绍，您 30 多年一直在教育领域，主要是从事教学包括学校管理这方面工作。前面看您的经历，您也获得不少荣誉，取得不小的成就，您再介绍一下这方面的情况。

姚玉梅：从事教育教学工作接近 40 年，我非常热爱我的职业。我站在讲台上跟学生们交流，这种感觉我特别享受。以前有几次机会能够改行，我不愿意也不动摇，坚决干这一行。先确定一个小目标：我要把学生教好，让家长信任我，让学校信任我。但是就这么一个小目标，我从一个普通的教师，成长为一个自治区的教学能手，一直到全国模范教师。大大小小的奖项，我获得了 150 多个。

今年的寒假正赶上疫情，时间比较充足，所以我把我的证书一个一个整理出来，通过回忆把证书背后的故事编成了一本书，书名是《见证》。2016年出版的《杏坛随感录》是我出的第一本书，它是记录我做教师、校长工作的一些点滴和自己的反思。这本《见证》是我整个教育教学工作的历程。

我从1994年开始参加基本功竞赛，基本功竞赛是全旗范围的选拔活动，1994年是第一届，都非常重视。选拔基本功竞赛参赛者的时候是分为东西南北中五个片区的，我在中片，在分区选拔中是第一名，后来各片区第一名再复赛，我又是第一名，因此被推荐到市里参加基本功竞赛，最终我获得了二等奖。从1994年之后，我的课堂教学的奖项每年都有，一直到1996年获自治区教学能手。我记得那一年我获得的大大小小的奖项有12个。

图5　2016年6月，姚玉梅出版《杏坛随感录》

刘锦山：基本功竞赛都是竞赛哪些项目？

姚玉梅：粉笔字。

刘锦山：板书。

姚玉梅：板书、朗诵、写作，还有课堂教学。

刘锦山：在规定的时间内？

姚玉梅：对，在规定的时间内完成。

刘锦山：竞争还是相当激烈的，您是教语文是吧？

姚玉梅：教语文。

刘锦山：这么多年一直在教语文？

姚玉梅：一直在教语文。我做校长工作的时候也在教语文，没有脱离一线。

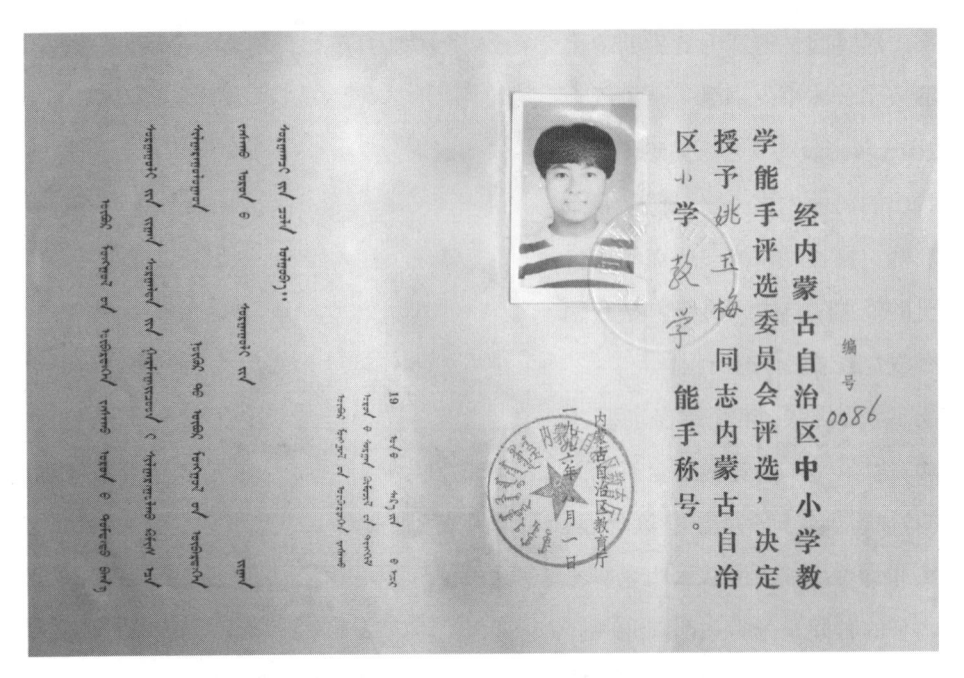

图6　1996年，姚玉梅通过逐级比赛荣获内蒙古自治区"小学教学能手"称号

刘锦山：没有脱离教学工作。

姚玉梅：2001年我冲刺了自治区学科带头人，结果失败了，那一次课没讲好。这也成了我的一个心结。我觉得在哪跌倒，就在哪爬起来，一定要看还有没有弥补的机会，一旦有这个机会我一定抓住不放。

这个机会终于在2006年年底又来了，市里往自治区选拔学科带头人。那个时候我已经做校长几年了，也评聘上了高级职称。那个时候中学高级教师就是最高的职称，还没有正高。一般老师评学科带头人是为了职称，我为什么还要努力拼搏一下呢？我是觉得我做校长，有时候难免事务性工作比较多，就借着这个机会逼自己一把，给自己充充电，所以我又参加了自治区学科带头人的评选。

2007年4月，我到区里参加学科带头人的评比。评比的时候还有一个小插曲，我遇到了一位其他盟市的和我同一个房间的老师。她是数学学科，我是语文学科。她说："姚老师，你这年龄也不小了，你还参加学科带头人的评比，你是为了要职称吧？"我说："不是，我的职称在2003年的时候已经评上了。"她说：

"那你还没聘上吧？"——这个职称评聘是分开的，我说："不对，我已经聘上了，我是 2003 年破格评上并聘上的。"她说："那你还参加学科带头人的评比，这样折腾自己不是有病吗？"她不理解我，当时她还不知道我的身份，她要知道我是校长，我想她更要说我有病了。她不知道我有我的想法，一个是我想把原来冲刺自治区学科带头人失败的那种遗憾弥补回来，另一个是我也想在评选的过程中学习和提高自己，所以我也暗自努力。

当时去了之后，我一看人家准备得特别充分，教具、光盘，还有学科的一些资料应有尽有，我就是两手空空去了。因为当时学校的工作挺繁忙，我没来得及搞一些试课，所以我也挺忐忑。但是我们自治区从那一届开始，改变了讲课的方式，是从其他地方选了一篇文章，不是课本当中的。

刘锦山：相当于提前准备的用处不是太大。

姚玉梅：对，用处不是太大。我这一下就感觉到大家都在一个起跑线上，我心里由忐忑变为激励自己，我说没问题。他们选的是《寻找幸运花瓣儿》，大家都讲这一课，做一个比较。我在那次课上讲得特别精彩，顺利地评上了自治区学科带头人，也圆了我的这个梦，同时在这个过程当中我又得到了提高。这是我评自治区学科带头人的故事。

刘锦山：2007 年的事情。

姚玉梅：对，2007 年，我已经在乌丹三小工作了。2009 年通过讲课评选，我又被推荐为自治区的特级教师，我讲授的是四年级《呼风唤雨的世纪》，2010 年评上了特级教师。

2009 年 9 月，我又被评为"全国模范教师"和"全国教育系统巾帼建功标兵"这两个称号，全国模范教师是国家人力资源和社会保障部和教育部共同组织的。2015 年，我又获得了内蒙古自治区委员会组织部评选的"草原英才"称号，这个称号很难获得，我们翁牛特旗我是第一个，也是我奖金数目最高的，有 5 万块钱，正好就用来出版了《杏坛随感录》这本书。这是我的一些重要的奖项。

刘锦山：姚老师，我再向您请教一下，咱们中小学教师评职称，这个职称系列有初级、中级、高级，它是怎样一个情况？

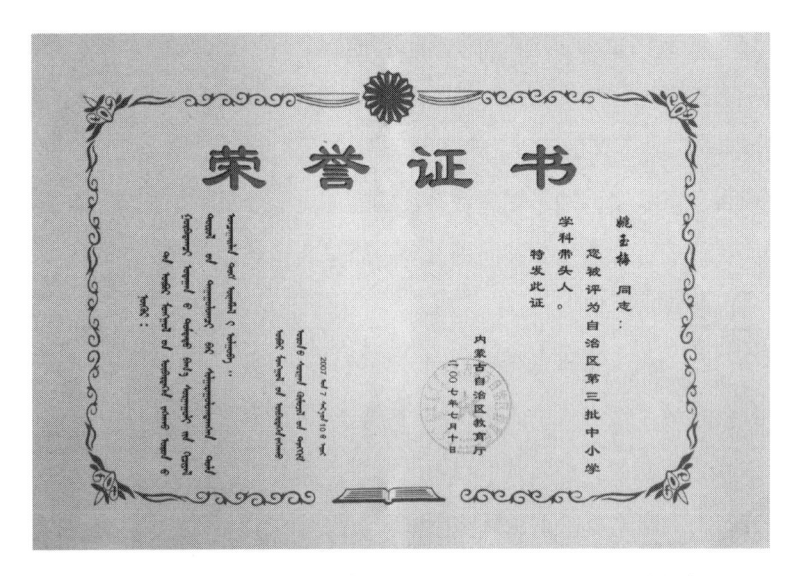

图7　2007年7月，姚玉梅被评为内蒙古自治区级第三批中小学学科带头人

图8　2009年12月，姚玉梅参加自治区特级教师评选，讲授《呼风唤雨的世纪》

图9　2009年9月，姚玉梅获"全国模范教师"称号

图10　2009年9月，姚玉梅获"全国教育系统巾帼建功标兵"称号

姚玉梅：桃李满园竞芳菲

图11　2010年2月，姚玉梅被评为自治区第八届中小学特级教师

图12　2015年10月，姚玉梅获内蒙古自治区第五批"草原英才"称号

姚玉梅：原来是初级、中级、高级。小学是小学高级和小学超高，后来变成了小学高级。小学高级相当于中学中级，小学、中学高级教师就是副高。后来它变成了12个档次，十二级、十一级属于初级，十级、九级、八级属于中级，七级、六级和五级属于副高。2016年，我们全国中小学有了正高的评比，我是第一批被评上的正高级教师。

刘锦山：一般从初级晋升到中级再到高级，它需要的年限有些什么样的要求？

姚玉梅：有要求，初级到中级、中级到高级都必须各有 5 年的工作经历。但是我晋副高的时候是破格的。我晋副高的时候是 3 年，等到正高的时候，虽然年限够了，但是也是通过我有自治区学科带头人和区委的奖励，可以破格，其实不用破格我的奖励也足够了。我在 2007 年评自治区学科带头人的时候，根本想不到 9 年之后我能通过它破格成为正高级教师，当时也没有"正高级教师"这个说法，所以你所做的努力都会有回报。

刘锦山：像大学还有图书馆评职称，对科研成果都有些要求。我们中小学评职称具体条件方面有哪些要求？

姚玉梅：也有一些要求，中级晋高级的时候需要你有一些奖项和科研成果论文。

刘锦山：您刚才介绍中小学职称从十二级到一级是吧。

姚玉梅：现在是到五级。我是四级，有了正高级之后我到了四级。

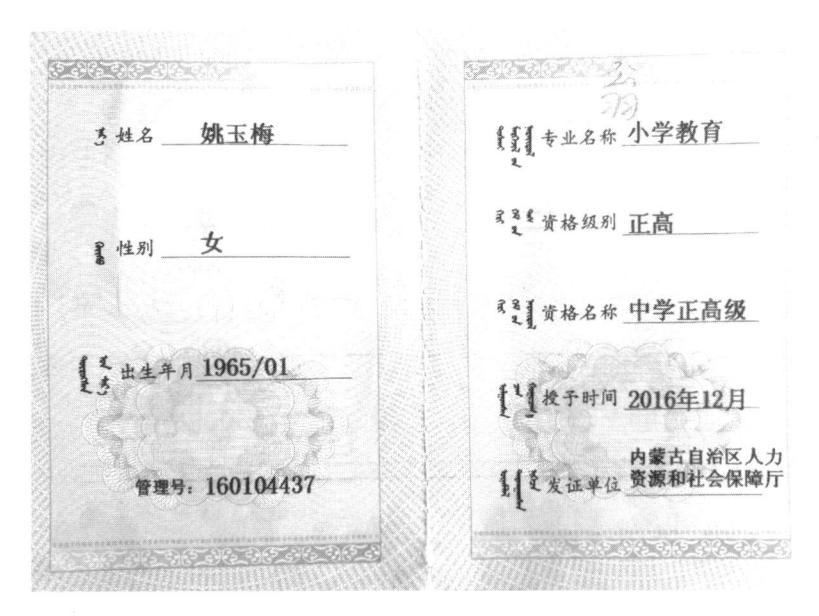

图 13　2016 年 12 月，姚玉梅被评为中学正高级教师

三、与时俱进

刘锦山：姚老师，您刚才介绍您从事教育管理工作将近40年，取得了很多荣誉，还取得了很大的成绩。您这么一个从业的过程，也是我们国家教育事业发展变化比较快的三四十年，想请您从您的从业过程给我们谈谈，咱们国家中小学教育的整个发展情况。以翁牛特旗为例，您经历过一小、二小、三小，现在又到四小，从四小又到教育教研中心，刚开始只有两所小学，现在到四所。所以我想请您以翁牛特旗为例，谈谈我们国家小学教育事业这方面的发展情况，三十多年应该变化非常大。

姚玉梅：变化太大了。我在做民办教师的时候，就是一支粉笔、一块黑板、泥桌子、土台子、教具，学生的一些课外活动的设备全都没有，很贫困、很落后。发展到现在，我们有了教学楼、学生公寓、教师公寓、塑胶跑道，还有同频互动课堂、电子白板，可以说我们已经进入了信息化时代。

刘锦山：校园网。

姚玉梅：对，校园网。突飞猛进地发展，发展得特别迅速。这是我们的硬件教学。

课堂教学这方面也是发生了质的变化。比如说我们在20世纪80年代讲课的时候，我可以用一个词来说叫"专制"。教师满堂灌、满堂讲，教师是至高无上的，我讲你就听，填鸭式教学，学生是被动地接受。到了现在就完全变化了，现在用一个词来说就是"以人为本"，也就是以学生为中心。课堂教学完全是以学生为主，自主探究式地去教学，这样学生的个性得到了释放，潜质得到了发展，能力得到了提高。另外现在是"三动"课堂，问题驱动、师生互动、学生主动，也就是我们所说的智慧课堂。这样的课堂让学生的个性等各方面的能力得以释放。

刘锦山：从学生的数量、学校的规模、学校的数量，这方面的变化情况您介绍一下。

姚玉梅：我师范毕业以后分到乌丹一中，一年后又到了乌丹实验小学，乌丹就是我们翁牛特旗所在地。乌丹实验小学是1907年建设的，到现在100多年了；乌丹二小和共和国同龄，是1949年建设的；乌丹三小是1978年建设的，和改革开放同步；乌丹四小是2013年开始建设，2014年投入使用。1978年到2013年，相隔了35年的时间，也就是35年后又建了这么一所学校。所以乌丹四小让我去的时候，我压力很大，因为它比较偏僻，乌丹二小后期的生源也不是太好，乌丹四小又这么偏，能不能招得上学生？所以我也是想了好多的方法：做宣传，跑教师的调动工作。到了2014年乌丹四小成立的时候，一星期之内进了1379名学生，感觉挺不可思议，创造了奇迹，新建的学校刚开始就能达到1000多人，我当时也挺激动。我想这可能是源于在建设乌丹四小的时候，我对学校的文化建设，还有它的一些理念作为支撑，另外得益于家长的信赖、教师的信任。

刘锦山：姚老师，翁牛特旗有多少人口？

姚玉梅：现在是48万。

刘锦山：收录学生是面向全旗收的还是只收乌丹镇？

姚玉梅：就收乌丹镇的。

刘锦山：乌丹镇有多少人口？

姚玉梅：乌丹镇现在有13万人口。

刘锦山：咱们现在有四所小学。

姚玉梅：五所小学。

刘锦山：现在是五所了？

姚玉梅：五小是由原来的乌丹镇中心小学改成的乌丹五小，这是镇里的一所学校。

刘锦山：现在这五所学校有多少在校学生呢？

姚玉梅：这五所学校有七八千人，我没做具体的统计。

刘锦山：您刚才介绍了咱们几所学校的一些情况，您担任校长是哪一年？

姚玉梅：我担任校长是2002年。

刘锦山：到现在也十几年了。一所学校大体情况怎么样，跟校领导的办学思想和管理思想有非常大的关系，所以我想请您谈谈您在担任校领导期间，对您的办学理念、教学方面的一些思考，包括您的一些从业感受。

姚玉梅：我是 2002 年去的乌丹二小。当时乌丹二小已经由原来的 1000 多人，变成了 400 多人。

刘锦山：学生流失比较多。

姚玉梅：学生流失比较多。原因也比较多，其中最大的原因是居民西移。二小本来就是一所城乡结合的学校，它在我们镇区的最东边。也是由于学校办学理念的滞后，所以生源逐渐下滑，包括教师的孩子都不在自己的学校就读。所以针对这种情况我找了原因，发现最大的一个原因就是教师的理念比较滞后，课堂教学比较陈旧，这样家长不太信任，就把孩子们都转走了。恰恰在 2001 年我脱职参加了国家级骨干教师培训，学到了好多管理方面、教学方面的最前沿的一些东西，所以我把这些东西都运用在二小的管理上了，给教师做辅导，从课堂入手。

记得当时也有一个小插曲。我在听课的过程当中，老师们自认为他们讲的课程热热闹闹很好，说这很顺利就下来了，自己感觉挺不错，但是我在给评课的时候，挑出了好多的毛病。老师说这个姚校长，怎么没有她满意的课堂呢？有一个胆子比较大的乌兰老师说了，姚校长，您说我们这讲的课都不符合当前的教育理

图 14　2002 年 10 月，姚玉梅获得跨世纪园丁工程中小学骨干教师国家级培训合格证书

念，那您能不能给我们上一课？

刘锦山： 让您示范一下。

姚玉梅： 示范一下。她不是叫板，这是她真实的想法，她想要看一下、请教一下。正好我刚听完她讲的《富饶的西沙群岛》。我说乌兰，我就上你讲的这一课。就在平行班上，他们让我准备15分钟。我说我不用备课，直接去，你看看我是怎么样讲的。老师们都听到了，说校长要上课。

刘锦山： 都要去听。

姚玉梅： 所有人都要去听，我说完全可以，我就去了另一个班上课。他们的课堂都是一步一问，孩子和教师互动极少，孩子就等着接受你的知识。我的课堂是开放性的。我就跟孩子们说，今天咱们学《富饶的西沙群岛》。我让孩子们自己读课文，读完了之后告诉我，为什么说它是富饶的西沙群岛？我把问题抛给学生，让学生带着问题去读书。我跟老师们讲，老师要是在课堂上累得满头大汗，这堂课就不成功。把问题抛给学生，让学生带着问题去读课文，学生去动脑筋、去理解、去感悟。后来学生们在汇报的时候，以往很沉静的课堂，掀起了一个又一个波澜：他是这么想的，他是那么想的。我就问，你从课文的哪一个地方看到、理解到的？学生们争先恐后地发言，课堂气氛特别活跃，学生的主动参与性极强。下了课之后，她说原来课是这样上的，怪不得姚校长不满意。我问他们，你看我在课堂上，感觉我很轻松是吗？但是这样老师在课下备课的时候就要下很大的功夫，你不知道课堂上会提出哪些问题。另外这样的课堂上生成的东西比较多，和你预设的课堂是不一样的。他们才知道课是这样讲的。我说这样才能锻炼孩子的能力，否则孩子就是去听。所以通过我的这一堂课，他们受到了启发，其余的学科也都纷纷效仿。

以往他们都不太到外面去听课，因为当时资金比较短缺，没有钱，所以他们的理念有些滞后，恰好在2002年自治区学科带头人在赤峰市评比，我想借着这个机会让老师们到比赛现场见识一下，提高教师的课堂教学水平。

刘锦山： 没有机会出去。

姚玉梅： 没有机会出去。这怎么办呢？后来我用我工资存折上仅有的1000

块钱，让全校的老师都听到了语文课和数学课。

  这么点钱怎么就能够办这么大的事儿呢？当时评选时间一共是7天，我买了3张听课券，让他们轮流去听。因为我算了一笔账，他们在赤峰的住宿费要比车费还贵，所以我让他们早晨去听课，晚上回来，第二天换另一拨再听，第三天再换一拨，这样7天的时间全体教师都听到了。你只是看一下人家的课例，领略一下人家的课堂教学是什么样的方式，看人家的教学方法，学到就行了。我感觉这一次就给我们的老师提高了好大一块。2002年镇里一小、二小、三小互相评比，还有乌丹镇中心小学——那时候叫中心小学，后来把它划拨到现在的五小——在质量检测中，乌丹二小从来都是最后，而且和人家倒数第二差20多分的平均分，差距比较大。后来通过这些理念的提升，我们数学一跃成了第一名，语文成了第二名，所以说也是有一个质的变化。

  刘锦山： 后来学生慢慢又起来了。

  姚玉梅： 在不经意当中，我发现所有老师的孩子都从外校转回来了，学校各方面也向好发展。到了2005年底学生人数又回归到近千人，我在这个时候又被调到了乌丹第三小学。

四、提质促教

  刘锦山： 姚老师，当时您为什么从二小又调到了三小了？

  姚玉梅： 乌丹二小的成绩上去了，乌丹三小的成绩是原来乌丹二小的翻版，它就是倒数第一了。特别戏剧化的是，它和第二名也是平均分差了20多分。领导找我谈话的时候说，到乌丹三小给你两项任务，第一项是稳定队伍，第二项是提高质量。为什么要稳定队伍呢？因为在评优、评模、评职称的时候三小产生了一些矛盾。这种评比一般情况下都是投票产生，所以就存在一些教师拉票现象，真正干事的老师如果不去拉票就评不上，在这种情况下教师就产生了一些矛盾，所以就出现了一些不稳定因素。我当时非常矛盾，我觉得我在二小挺好的，现在的二小各项工作稳步向前发展。但是局长们一说，又给我这么大的重任，又那么鼓励我，说凭着你这股劲一定能够把乌丹三小带好。我当时虽然不舍得，但是也有一种试试看的想法。我有一个特点，我只要干就会想方设法把它干好，所以就接了乌丹三小这个活。

当时我们的龙头学校有百年老校，也有半个多世纪的老校。乌丹三小是1978年建校。我是2005年底去的，所以我感觉心理压力比较大。但是通过两年的治理，学校完全步入了正轨。当时正好是课改，之前没有数据的对比，但是到2013年，我们全镇又做了一下质量监测，乌丹三小各个学科都是第一名，通过几年的建设，生源发展到2300多人。

刘锦山：良性循环。

姚玉梅：对，良性循环。学生特别多，爆满。我在乌丹三小时比原来更成熟一些，乌丹二小主要是怎么样扭转生源不足的问题，有一些理念我还没有发挥出来。但是到了乌丹三小，我把整个一学年做了"五节"规划：春有教学节，夏有艺术节，秋有体育节、科技节，冬有读书节。通过这些活动，老师的提高、学生的全面发展基本上展现出来。还有家长进课堂、家长进学校、家长评教师、家长评学校、社会评学校、学生评老师，搞了这"几评"活动，整个得到了良性的循环。

刘锦山：后来您为什么去了四小，也是因为和上面一样的原因吗？

姚玉梅：对。乌丹三小建校是1978年，到2013年已经35年，中间没建小学。这所学校怎么去建？怎么样去发展？没有参照，只有我自己冥思苦想怎么做。当时我去的时候就给了我两个老师做后勤工作。

刘锦山：所以您去了要新建一所学校？

姚玉梅：对，2013年我去的时候只是楼房的框架起来了。我要解决乌丹四小室内的装修，还有室外的环境问题等，很多的东西我都是初次接触。但是我也是有一种不服输的感觉，二小、三小我都能建设好，我想这四小也不能差。另外领导们对我很信任，这样一所学校交给我，15000多平方米的学校，相当于实验小学、二小和三小加到一块儿的面积。相当大了，这样一所学校如果没有先进的理念，招不上学生，那是挺尴尬的一件事。所以我做好宣传，先对理念、学校的精神等文化层面的东西有了整体的构想。我在三小和四小，都非常注重校园文化建设。

在三小的时候，整个校园文化都是有规划地建设。比如说三小的校花是太阳花，为什么是太阳花呢？因为三小西北的一块地原来是深坑，后来把它填平了，但全都是垃圾平的，所以那块地应该是一片贫瘠的土地，什么东西都不好长。但是第二年我却发现周边全长出了向日葵，就是咱们说的太阳花，我想这个地方适合太阳花的生长，那学校的校花就定为太阳花。我又挖掘了太阳花团结、向上、励志、乐学这一些精神，又定了太阳花的校歌，是我作的词，又做了太阳花的校操。这些文化方面的建设有凝聚力，也有目标、有方向，老师知道怎么去发展，有奔头。

等到四小的时候，我发现四小的那块土地更贫瘠。有一个叫松树山的地方，那个地方长五角枫，五角枫特别适合在贫瘠的地方生长，但是生长很慢。长起来

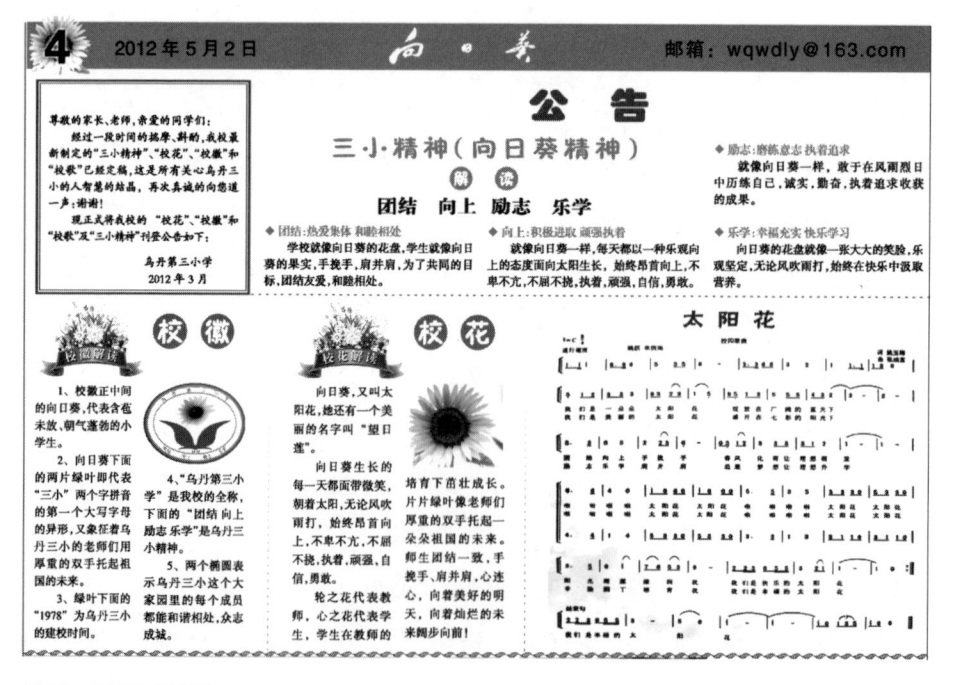

图15　乌丹三小校刊

后特别是到秋季，火红的枫叶特别漂亮。后来我把四小的校树定为五角枫树，通过五角枫我们挖掘出来四小的精神：向上、向阳、向真、向美。因为我们当时还没有一些深厚的东西，我就说再过三年之后我会把校歌呈现给大家。到了第三年我写了歌词，找人谱了曲，我们做了一首校歌《火红的枫叶》。枫树在春季是青翠的，乌丹四小刚刚建校，就如青翠的枫叶，靠我们师生共同去打造这所学校，由青翠的枫叶接着变成枫叶正红，最后成为火红的枫叶。我们近期的目标是先把青翠的枫叶打造成正红的枫叶，用三年的时间，以我们获得的奖项，以我们学校在社会的知名度，还有家长的信任等。最后我们学校成熟的时候，就成了火红的枫叶。所以我们在三年之后有了校歌。乌丹四小也是打造校园文化，以文化立校，校训、校风、教风、学风等一系列我们把它都制定出来，然后让学生和老师都去遵守，去呵护它、爱护它，最后使得我们的学校逐渐丰满。

我特别注重校园环境的建设。乌丹四小开学的时候是2014年的秋季。想一

图16　乌丹四小学校刊《五角枫》

想我们刚刚把大楼建设成，根本没有任何的绿化，没法去美化。怎么办呢？我就想学生、老师来了，那是在秋季，我们栽树种花都来不及。因为我们刚把地弄平整、铺完。我就买了一袋子麦子，把整个土地都撒上麦种。7月撒上，到8月的时候，一个多月时间校园全是绿油油的麦田。孩子们一进到校园感觉心情比较舒畅，老师们也是，这就比光秃秃的黄土给人的感觉要好得多。所以我挺注重这方面，我是亲自下地去种的。老师们当时来到这个学校的时候，也是个个精神饱满。

我们的老师来自全旗三十几所学校，城区的也有，乡村的也有，村小的也有。老师能力高的高、低的低，水平参差不齐。所以我就通过一系列的教学活动，把这些老师的水平提高。名师带徒弟，拜师学艺，然后逐渐去提高。老师在讲课的过程当中我给他一定的机会，也就是说你这一次讲课没讲好，你自己再提高。我给你定等级，这个等级只是现在的，你如果再提高我把原来的那个等级给你撤下去，把你提高上来的等级给你记上。这都作为年终考核，所以老师们也是个个精神饱满地去提高。

100多个老师都是从各个学校抽调来的，所以难免出现原学校老师聚堆的现象，这在管理方面就出现了困难。我善于给教师们讲故事，通过故事来感化教师，去提高教师对这个学校的融入感、认同感。我看过一个《媳妇儿过门》的故事，就讲给他们听。我说来到乌丹四小，这里就是你的家，我们喊的口号是让乌丹四小成为"学生成长的乐园，家长希望的田园，教师幸福的家园"。这个家园靠我们每一位教师去打造，你来到四小，你就是四小的教师，一切都是以四小为整体谈如何发展、怎么样进步，你和四小同呼吸、共命运，所以不要搞小团体。通过这个故事，老师们幡然醒悟，以后我们家就是四小了。

我还给他们讲了《全力以赴》的故事。猎狗追赶一只腿受了伤的兔子，追来追去最后没追上，兔子回到了老窝。猎狗回来见猎人，猎人就狠狠地训它一顿，怎么连一只瘸腿的兔子都没追上？猎狗说我尽力而为了。后来同伴们都问这只兔子，说猎狗那么凶猛，你还残腿，怎么就没让猎狗追上呢？这个兔子说，它是尽力而为，我是全力以赴，因为我不全力以赴，我命就没了。我说咱们一定要全力以赴地去工作，光尽力而为不行。

其实我也时时刻刻为老师的生活和工作着想。关于职称我们有一个规定，从其他的学校调到另一个学校，你的职称哪怕是高级职称，哪怕是五档，也要降到十二档，降到最后一档，然后重新再往上评，换学校就这样。乌丹四小都是新老师，他们都降到最低档，虽然说我们再评也就一年的时间，但是这一年少则损失几千元，多则就要损失上万元。这是老师的切身利益，利益受到了损失。后来我就开始跑人事局，又找分管人事的旗长。我跟他们讲，咱们是一所新建的学校，和其他的调动不一样，我们全校都是新来的老师，这样对新来的老师是不公平的。我又找到人事局局长，找人事局局长的那一天，我记得非常清楚，是10月13日，这是我们中国少年先锋队建队日，赤峰市的团委到我们那儿去捐书，有一个仪式，我们在仪式上都戴着红领巾，是孩子们给系上的。我跟人事局局长约定的是下午4点钟，我散会的时候3点半了，就赶紧去了，所以红领巾也没有来

图17 2014年，新建的乌丹四小新教师第一次全体教师会

图18 2014年，乌丹四小第一届开学典礼班子成员合影

得及解。局长看到挺好笑，说你戴着红领巾就过来了，我才发现。后来他问，姚校长，这个职称跟你有关系吗？我说跟我没关系，但是跟我们全体的老师有关系。后来局长也被感动了，这样一个校长，这么为她的教师着想，那行吧！通过协调，把我们作为一个特殊的群体处理，没有伤害老师一分一毫的利益，所以老师们都特别高兴，也非常感激我，我的工作开展得也比较顺利。几年的时间，我们的四小，虽然是新建学校，但是生源不断增加，到现在已经有2600人左右。

刘锦山： 总共是7000多学生，四小占了2000多。

姚玉梅： 对。二小是几百人，五小是1000人左右，三小接近2000人，实验小学是1000多人，就是这么一个情况。

五、创新研修

刘锦山：您是什么时候从四小调到了教育教研中心呢？

姚玉梅：我是 2017 年 8 月调到了教育教研中心。

刘锦山：为什么又调到教育教研中心呢？

姚玉梅：领导找我谈话的时候，让我去带动全旗教研、培训工作，这又是一个新的领域，所以我也推辞了几次。但是后来领导继续找我谈话，我想我是一个共产党员，国家给了我这么多荣誉，领导让你做啥，你作为一个老教育工作者应该听从分配、听从安排。后来我到了进修学校，也就是现在的教育教学研究中心。

刘锦山：就是培训教师。

姚玉梅：还有全旗的教研工作。成立教育教学研究中心后，实行扁平化管理，我们分高中部、初中部、小幼部。

刘锦山：小幼部。

姚玉梅：对，就是小学和幼儿，还有综合部、民教部。因为我们是民族地区。这样分五个部，也是非常艰难，但是也是有理念、信念去支撑。

我去了之后首先通过我们的政府做了一下修整，成立了教研中心，确定了教研中心的宗旨。我们的宗旨是"做有品质、有灵魂的教师；做有温度、有厚度的教育"。我们又在自治区立项一个课题，这个课题是基于共同体的策略研究。通过打造校际联盟共同体，小手拉大手，资源共享；通过打造教师共同体，让教师健康发展、共同提高；通过打造学生共同体，让学生全面发展、健康成长。有了这些想法，我们就去实施。

首先我在全旗几十所学校里面调研，用了一个多月的时间，我调研的内容也比较丰富。通过调研我感受到下面的老师们缺什么、需要什么。原来我们到下面做示导、培训、教研工作，都是带着我们自己的想法去；现在则是看看下面的人需要什么，让他们"点菜"，根据他们的需要，再去做我们的工作，我们写了 40 多万字的调研报告。根据我们调研的情况，再实施我们的培训和教研工作。我给

图19 翁牛特旗教育教学研究中心创办的《龙乡教研》第一期

我们的教研工作也是分了几块，我叫它"四季研修"。

刘锦山：四季研修。

姚玉梅：四季研修是"春之成长""夏之雨润""秋之丰实""冬之纳藏"。"春之成长"是给年轻的老师搭建一些展示的平台，通过基本功竞赛让一些年轻的老师脱颖而出；"夏之雨润"是我们到下面去磨课、听课，我们叫浸润龙乡课堂，我们赤峰是玉龙之乡，通过打课、磨课让老师们去提高；"秋之丰实"是到了秋季我们开始搞一些质量的监测，搞一些作业设计的评比、课堂教学设计的评比，还有出题大赛等；"冬之纳藏"就该是我们做总结的时候，总结我们一年的工作有哪些不足，有哪些做得比较好的地方。我们教研中心的每一位同事都会做一个片子演示给大家，然后讲解。我们这些教研员平时下乡调研、教研、培训的时候都是拼命地去搞活动，如果不这样，到总结的时候就拿不出东西来，大家都在看。另一个层面也是在督促大家多做工作、多积累，查缺补漏、发扬优点、弥补不足。所以我们搞了这样一个四季研修。

我们还搞了一个蹲点工作。什么是蹲点工作呢？我们通过质量监测找到哪些学校比较薄弱，就到那些薄弱学校去，至少一周，住在那儿，吃在那儿，和老师们共同研究，找为什么你的成绩会这么低，我们有一个口号叫"不解决问题不收队，没有提高不放手"。所以这样一来，我们把一些薄弱的学校也提高了一大截。

我们有的中学原来在全市100多所学校排名几乎是最后，现在最高的向前了18名。翁牛特旗特别是中学这一方面在全市12个旗县区，就是垫底。去年我们提高了4个档位，到了第8名。我们觉得也是非常高兴。

刘锦山：进步还比较快的。

姚玉梅：也比较有成就感。当然这不全是我们的功劳，肯定各学校都是非常努力，也源于教育局这一方面的督导非常到位。

图20　2018年，姚玉梅带领翁牛特旗教育教学研究中心重组后的班子成员开展全旗下校调研

图21　姚玉梅带领翁牛特旗教育教学研究中心工作人员下乡入校调研

六、铸魂培根

刘锦山：姚老师，我很小的时候听过一句俗话，叫作"家有三斗糠，不当孩儿王"，说的就是教学、办学的不容易和艰辛，尤其是小学，因为学生都小，不好管。那您这么多年了，走了这么几个学校，教了好多小学学生，又当校长，您前面也介绍过怎么样把一个学校办好，包括您教学方面怎么样教得更好。除了上面介绍的，您给大家再说一说学校的管理、队伍建设方面的一些事情，怎样才能把学校办得更好？

姚玉梅：在学习管理中，我注重抓班子、带队伍，以精神为引领、统一思想，工作中严而有度以身作则敢于担当，集全体教师的智慧去建设美丽校园。精神引领主要依托校园文化建设，我每到一所学校或者说一个单位，都要把文化放在重要的位置上。所以说单位也好，校园也好，都要有精神层面的依托，比如都设计了Logo。我在四小的时候，Logo是飞过彩虹的鸽子，这个是变形的一只鸽子和一片枫叶，青翠的枫叶，寓意也是预示着我们学生放飞梦想、展翅翱翔，正如校歌所说的那样，像雄鹰一样展翅翱翔；三小的Logo是太阳花向日葵，这是团结、向上、励志、乐学的精神，幼苗捧着太阳花是象征老师的双手捧着学生，呵护他们的成长；到了教研中心设计的Logo是一抹淡淡的粉白嵌于大片的浓郁之中，巧妙地凸显了玉龙的造型，突出了我们的地域特征，也就是玉龙之乡翁牛特旗，幼小的树苗及其枝上新抽出的嫩芽嵌于两侧，细观又是教研中心的"教研"两个拼音首字母的缩写的抽象，可谓自然流畅，挥笔之处悄然彰显着深远寓意，这个大主题，也就是在玉龙之乡教研，播种教育希望。

刘锦山：说到校园文化建设，您前面谈到了校歌的创作、学校Logo的设计，以及校园的办学理念提炼等，非常详尽，各个方面都涉及了。刚才我看到您这儿还有一本乌丹三小的校志。校志也是校园文化建设的一个非常重要的载体和手段，通过它把办学历史、办学情况，各个时期的一些情况总结出来，达到传承文化的一个目的。小学做校志的可能不算太多吧？

姚玉梅：现在翁牛特旗也仅我们一家做了校志。

刘锦山：那您谈谈这方面的情况。是怎么考虑的？什么情况下做出来的？

姚玉梅：当时我到学校两年多的时候，一找学校原来的资料全找不到。比如说一些老教师的情况，我们1978年开始建校都是什么情况，全都得找退休的老教师回忆。所以这方面的资料什么都没有。

刘锦山：没积累。

姚玉梅：将来这所学校发展到百年，甚至几百年，再回想起它当初建校的一些情况，结果没有什么资料，我就觉得是一种遗憾。那么我作为校长，就要想方设法搜集一下、整理一下、还原一下，留存一些资料。我就找来写志的一些专家，向他们进行咨询，也得到了他们的帮忙。我们组建了一个庞大的写教育志的教师和专家团队，用了三年的时间写成了校志。

刘锦山：三年时间。

图22　2011年，乌丹三小全体班子合影

图23　2008年12月，姚玉梅在乌丹三小建校三十周年庆典上讲话

姚玉梅：用了三年的时间把它编出来。三小从建校至今35年，我们把它所有的情况都编纂在这本书里。另外，建校三十年的时候还做了校庆。

刘锦山：做了校庆活动。

姚玉梅：做了一个校庆活动，题目就是"三十年的脚步"。我们在做节目的时候，有一些资料也找不到，后来我总想还是给后人留点东西、做点实事，才写了校志。没想到还得到了一些专家的认可。

刘锦山：人家讲盛世修史。

姚玉梅：总共是 150 多万字的志。

刘锦山：那也下了不少功夫。

姚玉梅：下了不少功夫。

刘锦山：把乌丹第三小学的历史资料给保存下来了。

姚玉梅：对，他们再从现在的基础上往下沿革。

图 24 《翁牛特旗乌丹第三小学志》

刘锦山：挺好。姚老师，在您将近 40 年的教学管理的职业生涯过程中，我们了解过您也参加过不少的进修、学习，除了常规的这种教育、求学以外，在工作过程中也有好多机会去学习，请您谈谈这方面的情况。您觉得对您影响最大的一次进修机会是什么？给大家讲一下进修情况。

姚玉梅：好的。我参加过好多次的培训学习，高等学府也去了不少，比如在清华大学、北京大学、北京师范大学、南京师范大学、华中师范大学等学校参加培训很多次，也都获益匪浅。但是给我记忆最深刻的是我在南京师范大学的学习。

刘锦山：南京师范大学。

姚玉梅：南京师范大学，是在 2001 年。1998 年教育部提出了一个"跨世纪园丁工程"。这个工程是要在全国培养一批中小学教师，让他们通过集中学习、集中培训，获得最前沿的一些教学理念，然后回到当地，用所学习的这些理念辐射、带动当地的教育教学发展。所以说我有幸在 2001 年 7 月 13 日——我记得特别清楚，因为那天也正是咱们国家申请 2008 年的奥运会成功的那天，我就说国家和我个人的命运是息息相通的——接到了南京师范大学培训的通知。这个培训各方面都是免费的，包括吃、住、专家的讲学，还有一些实地考察等。它是一个学期的集中培训，然后再用一个学期整理培训思想，写出毕业论文。我是在 2002 年 9 月结业，毕业论文写得也是比较成功，是关于学生自主探究这方面的。在南师大学习的时候，我觉得这个机会来之不易，我当教师这么多年，没有出过

图 25　姚玉梅（右一）在南京师范大学学习

图26 2001年，姚玉梅（左）在南京师范大学参加中小学骨干教师国家级培训，斯霞（中）老师为姚玉梅签名留念

太远的门。到了南师大的时候，我见到了一些知名的专家，他们给我们做培训、做导师，有些专家都是我在电视和书上看到的。这时亲历他们讲学，所以收获是特别大，我也是牢牢地把握住了这次机会。

学习期间我在华达宾馆住。华达宾馆是军区勤联部的地方，到南师大有几公里的路程。所以我早晨去、中午回，中午去、晚上回，来来回回大概有十几公里，也是比较辛苦。但是为了把握这次机会，我是早晨很早就到了学校占一个好位置，然后细心听讲。在听的过程当中，我怕消化不了，就白天记笔记，晚上回住处整理，把听到的整个讲学，通过我的记录，再誊抄到另一个日记本上。每一天几乎都整理到深夜，有时候到一两点钟，这样又是二次消化的过程。专家讲座的内容，再结合我自己的教学实践，这一个学期的培训、学习，相当于我这些年的知识积累。

我在南京师范大学学习的时候，根据专家老师们的介绍买了若干本书，自费花了几千元。那时候工资比较低，每月才几百元，我也是豁出老本，尽量地让自己更加丰富起来。国家给的这个机会真是非常不容易，我们内蒙古自治区小学语文老师去南师大培训的指标就给了三个，所以说我必须把学习机会利用好。事实证明学习回来调到二小之后，我把我所有学到的东西，再加上记忆和整理，给我们的老师以讲座的形式讲了若干次。从理论到实践结合起来，二小提高得也是特别快，与这方面也有直接的关系。

刘锦山：您学了，再把自己学到的东西带给大家。

姚玉梅：在南师大学习的过程当中——当时也从没有那么长的时间离开家——非常想家、惦记孩子。当时孩子才十来岁，也很小，并且不像现在有视频电话等方式，打电话钱也不少，我就给孩子写信。《杏坛随感录》里面，有一篇我写给孩子的信，大致的意思就是说妈妈顾不上你。

刘锦山：当时小孩多大，几岁？

姚玉梅：她是11岁。我说你自己要好好成长，然后说妈妈希望你将来不做人上人，自负；不做人下人，自卑；不做人外人，自闭；就做人中人，自信。孩子现在成长得也比较好，已经参加工作，也成家了。

图27 姚玉梅写给女儿的信

七、育人如风

刘锦山：姚老师，您 30 多年来的教学，可以说桃李无数了，教出来的学生很多。现在发展比较好的一些学生，您简单给大家介绍几位？

姚玉梅：我的学生真的是很多，发展好的也很多。他们给我的印象都是非常阳光、非常向上的，在各自的工作岗位上都做得比较出色。有企业家、银行职员、记者，也有从事教育工作的，还有警察、军人，等等。

刘锦山：各行各业都有。

姚玉梅：各行各业的都有。给我印象比较深刻的有这样一个学生，做记者工作的，就是咱们《红山晚报》的宁波。宁波从小体弱多病，做过心脏大手术，初一的时候我教过他，当时正好是他做手术，这个孩子心理也产生了比较大的波动。我就给他做工作，最后家长也挺感谢我的。我说宁波，上帝给你关闭一扇门，必定会给你打开一扇窗，将来有好多的机会在等着你。他也是非常顽强，文笔也特别好。当时我就说，你将来适合做记者工作。这不是做了那个大手术吗？

图 28 2016 年，姚玉梅被赤峰市教育局评为"课程改革名校长"

图29 姚玉梅（中）和老师们

他就把整个的过程写了一篇文章。我边看边流泪，特别感人，也是非常痛苦，但是他挺过来了。当时不知道他能活多久，但是现在他生活得很好，自己出了三本书了。前几年他们同学聚会的时候找到了我，当时毕业的时候，我比他们大不了几岁，所以他们有的说我像邻家大姐姐。这些孩子做得都挺好。

刘锦山：姚老师，在您这么多年的工作过程中，和学校的老师也结下了比较深的友谊，请您谈谈您和老师互动方面的一些情况。

姚玉梅：老师们之间相处，我都是比较随和，不是什么领导、被领导的，而是比较融洽、和谐的关系。老师们有了困难，我也都是积极地帮助他们，尽我的所能。比如说在2008年6月，我在三小做校长的时候，有一个老师，突然就查出患了肝癌——要知道这个老师是非常年轻的，当时只有33岁。当时他查出来之后，第一时间就找到我，有点要崩溃的样子。我听到也是非常震惊，也非常难过。我就想怎样去安慰他，这么大一件事，三言两语是没法去做他的工作的，但是我也是积极地去给他讲。他姓滕，我说："小滕，人生的长度不是我们决定的，

图 30　2020 年，姚玉梅当选为赤峰市第七届人大代表

但是我们可以决定人生的宽度，你现在查出病来了，但是没人说这东西就不能治，现在医疗条件这么发达，我们慢慢地去治病，但你的精神如果垮了，不去配合，可能生命会更短，我们既然得上了，那我们就得面对了……"我给他讲了不少。其中有一次评职称，他说自己够条件，要不要评？其实意思就是评还有意义吗？我就跟他说："为什么不评呢？你必须评，我支持你。"在我的鼓励下，他填了表，把评职称的一系列资料弄好，终于也评上了，然后我又给他聘上了。我背地里给老师们做了工作，我说咱们不要让他留遗憾，所以他特别感激我。

在我的鼓励下，他还是非常坚强、顽强地又活了 4 年，最后还是去世了。但是通过这些事，他们家属比较感激我，最终我还是没有让他带着遗憾离开。同时我也挺感谢我们这个团队的，这些老师也特别给力，非常支持我的工作。

刘锦山：今天我学到了很多，姚老师，非常感谢您能接受我们的采访。

汪耳琪

科技兴农惠万家

采访时间：2020 年 7 月 4 日
初稿时间：2022 年 5 月 20 日
定稿时间：2024 年 5 月 1 日
采访地点：赤峰市图书馆"赤峰记忆"拍摄现场
版　　本：文字版

汪耳琪速写

  汪耳琪　满族，1962 年 11 月出生，大学本科学历，籍贯辽宁凤城，出生地赤峰市克什克腾旗，现居住于赤峰市松山区。1984 年 12 月加入中国共产党，1982 年 9 月—1986 年 7 月在内蒙古农牧学院获得农学学士学位，1986 年 7 月起在赤峰市农业技术服务中心工作，农业技术推广研究员，正高三级。

  1986 年从内蒙古农牧学院毕业以来，一直在赤峰市农业技术推广站从事农业技术推广工作。多年来，认真贯彻执行党的方针政策，面对繁重的工作任务，始终以较高的政治觉悟顾全大局，特别是在农技推广的岗位上，一干就是 30 多年，勇挑重担，无私奉献，任劳任怨，遇到技术难题想方设法，克服困难。在工作中总是冲锋在第一线，晴天一身土、雨天一身泥早已成为家常便饭，为了更好地引进、推广农业新技术，她身先士卒外出考察、制订试验示范方案、亲自测定各项数据，为新技术的引进推广再创新提供理论基础。

为了给农民提供适用技术培训、技术咨询、技术指导等服务,她的足迹遍布全市 12 个旗县区,为农户传播栽培技术、答疑解惑,是农民真正的贴心人。

1999 年获得自治区"温饱致富"工程先进个人一等奖;2003 年度被赤峰市人事局、农牧业局评为深入生产一线的优秀科技人员;2005 年度被评为中国农技推广全区先进工作者;2008 年度被农业部评为全国粮食生产先进工作者;2006、2007、2008 年度获全区良种推广补贴项目实施工作先进个人荣誉;2006、2008、2009、2011、2012、2013 年获全国农业技术推广服务中心农业技术推广通联先进工作者荣誉;2013 年被选为第十二届全国人大代表;2014 年获内蒙古自治区五一劳动奖章;2015 年获内蒙古自治区先进工作者称号;2016 年获全国五一劳动奖章。

先后主持和参加省部及盟市科技推广项目 11 项,获奖 10 项。其中,获部级丰收奖 3 项:1995 年主持的"赤峰市旱作玉米地膜覆盖增产技术开发"获农业部全国农牧渔业丰收二等奖,1997 年主持的"赤峰市 1995—1996 百万亩《旱作玉米地膜覆盖综合配套增产技术开发》"获农业部全国农牧渔业丰收二等奖,1999 年主持的"赤峰市百万亩旱作玉米地膜覆盖综合配套增产技术开发"获农业部全国农牧渔业丰收二等奖。自治区级丰收奖 5 项:1989 年参加的赤峰市玉米模式化栽培技术研究获自治区农牧渔业丰收二等奖,1991 年主持的玉米地膜覆盖获自治区农牧业丰收三等奖,1994 年参加的赤峰市春小麦套种玉米综合栽培技术推广获自治区农牧丰收二等奖,1999 年参加"旱地玉米、马铃薯地膜覆盖栽培技术推广"获自治区农牧丰收一等奖,2011 年主持的"玉米全膜双垄沟播栽培综合技术研究与推广"获自治区农牧业丰收一等奖。市级奖 2 项:1997 年主持的"赤峰市旱作玉米地膜覆盖增产技术开发"获赤峰市科技进步一等奖,2012 年主持的"玉米全膜双垄沟播栽培综合技术研究与推广"获赤峰市科技进步一等奖。

在自己的岗位上,汪耳琪始终注重理论联系实际,善于总结经验,开展调查研究。撰写、发表了对农业发展具有独立见解的学术论文及专著共计 19 篇,制定地方标准 2 项。在完成上级任务的同时,结合赤峰市农业生产干旱少雨的实际,主动引领全市基层农技人员对旱作农业和农作物覆膜等技术课题进行研究论证,充分运用丰富的理论知识,解决了农业技术推广工作中的诸多技术难题,尤其是玉米全膜双垄沟播栽培技术的引进推广在赤峰市取得了巨大成功,提高了全赤峰市抵御干旱等自然灾害的能力,为赤峰市粮食产量稳定在百亿斤以上起到了技术支撑作用。

◎

刘锦山:各位朋友,大家好!今天是 2020 年 7 月 4 日,这里是赤峰市图书馆"赤峰记忆"第四期"杰出女性专题"拍摄现场。今天我们邀请到的嘉宾是第十二届全国人大代表、赤峰市农业技术推广站站长汪耳琪老师。汪老师您好。

汪耳琪:您好。

刘锦山:非常高兴您能接受我们的采访。

汪耳琪:我也非常高兴来到这个现场。

图 1　汪耳琪(左)接受"赤峰记忆"采访

一、干一行专一行

刘锦山：汪老师，首先请您向大家谈谈您的个人情况和成长经历。

汪耳琪：我是1982年考入内蒙古农牧学院农学系农学专业，1986年从内蒙古农牧学院毕业。可以说从事农业技术推广工作现在已经34年了，一直在这个单位工作。从事农业工作30多年了。我2005年晋升为农业技术推广研究员，现在也已经有十五六个年头了。2016年被选为赤峰市妇联第五届执委会执委和兼职副主席，2013年被选为第十二届全国人大代表。当然了，在工作中获得了一些荣誉，这都是组织对我的厚爱。几十年来一直在从事农业技术推广这项工作，单位也没有换过，可能这就是我们专业技术人员的特点吧。

刘锦山：汪老师，您刚才谈到您上大学是在内蒙古农牧学院，是不是就是现在的内蒙古农业大学？

汪耳琪：对。内蒙古农业大学的前身。

刘锦山：您是什么地方的人？

汪耳琪：我是赤峰市本地人。我出生在克什克腾旗，美丽的草原。我家是经棚镇的。

刘锦山：那您当时高考的时候怎么就选择了内蒙古农牧学院这个学校呢？

汪耳琪：在我们那个时候，考大学的中学生不像现在似的，我们当时就根据自己的成绩，可能自己也根据这个学校的分数报考。选择农业真正说心里话，

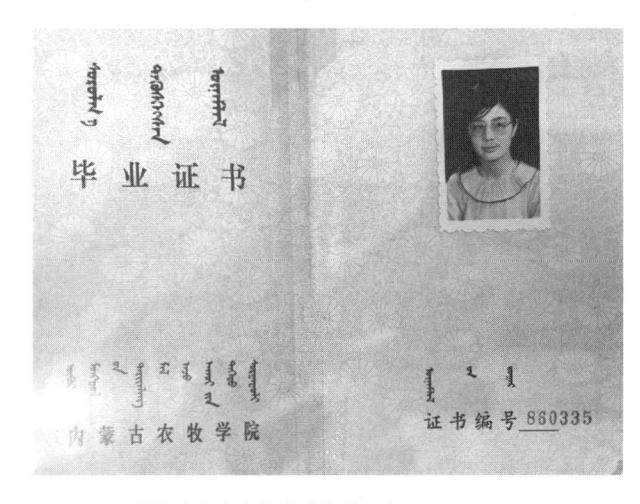

图 2　汪耳琪的内蒙古农牧学院毕业证书

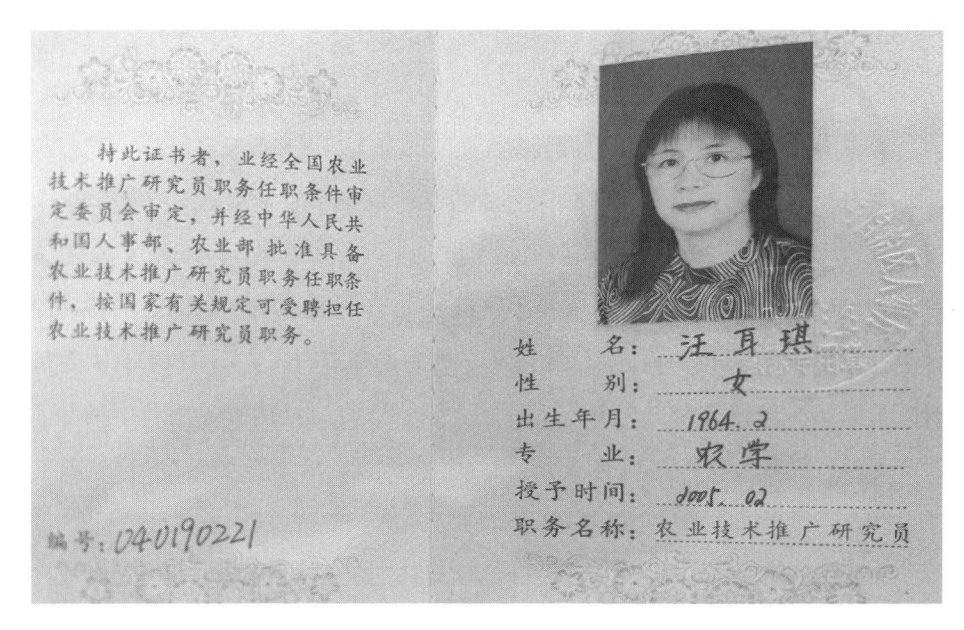

图3　汪耳琪的农业技术推广研究员证书

可能是当时的目标也不是那么明确，因为当时毕竟还是个年轻的孩子，是学生，对农业可能认识也没那么明确。我是城里长大的，对农村的了解不是特别多。但是可能也是因为这个原因吧，选择了农学专业这个方向。

二、农业大市赤峰

刘锦山：汪老师，您从事农业技术推广工作30多年了，一直和农业打交道。我们国家是农业大国，粮食生产一直是国家和中央非常重视的，每年中央的1号文件都是关于农业方面的。因此对各级政府来讲，"三农"问题都是非常大的一个问题。赤峰应该也是个粮食大市。

汪耳琪：对。

刘锦山：它的粮食产量在内蒙古自治区占到大约五分之一的样子。

汪耳琪：对，五分之一。

刘锦山：所以赤峰是一个典型的农业大市。当然赤峰也有牧区是吧？

汪耳琪：对，我们是个农牧业大市。

刘锦山：它很有代表性。我想请您下面给大家谈一谈，赤峰市农业的生产情况，以及农业技术方面的情况。因为您从事这项工作30多年了，可以从历史的发展脉络给大家谈一下，赤峰能反映出我们国家现在农业、农业技术方面的发展状况。

汪耳琪：赤峰市在我们内蒙古自治区，在全国，都是个典型的农业大市。刚才您说了我们的粮食占全区的五分之一。我们也是全国27个农业大市之一。内蒙古自治区每年为国家提供了出口的粮食，我们赤峰市在这里面是功不可没的。通过这些年的努力，我们已经进入了百亿斤粮食大市。

赤峰市的农业生产可以说是典型的干旱、半干旱的地区。我们的耕地，我们的粮食，70%都是在干旱、半干旱地区产出的。现在国家提出供给侧结构性改革，面临着转型升级，我们的农业生产现在面临着从传统农业向现代农业转型的关键时期，也是从数量型向质量型转型的关键时期。因为刚才您说了，"三农"问题是咱们国家的重中之重。因为要保证我们国家的粮食安全，现在国家对农业生产，特别是粮食生产非常重视。所以赤峰市的农业生产，现在也是面临着转型升级的时候。我们现在提倡绿色发展、供给侧结构性改革，现在我们农业生产都按照这个方向去发展。

另外从农业科技这个角度来说，我觉得农业科技在粮食生产中提高单产、增加总产、提高农民的收入效益方面，起着直观的作用。农业科技的作用，第一从技术的角度层面说，我们按照绿色发展的思路，以前我们很注重数量型发展，现在我们转向质量型发展，就是绿色的、生态的农业发展。像我们推广一些绿色的技术，在引导农民大户，或者先进经营主体上，推广一些新型的技术，例如浅埋滴灌技术、秸秆还田技术、水肥一体化、高效节水农业、优良品种的选择，另外还有减肥减药这些技术……我单纯是从种植业这块说的，当然还有畜牧业的发展。所以从农业科技这块，我觉得还是功不可没的，把很多技术推广到生产实践中去。把这些技术推广到生产实践中去，为我们全市的农业生产，为农民增产增收提供技术保证和技术支撑。这是农业科技，我单说的技术。

另外，在培训还有抓基地服务理念方面，培育新型经营主体，通过培训加快农民或者是种粮大户的思想观念转变。这也是一种科技，培训也是一种宣传科技的方法，可以转变他们的思想观念。另外我们在推广农业科技的过程中，抓一些基地、试验示范。老百姓的观点和我们想象的不一样，他要看得见、摸得着的，通过一些试验示范好的技术，他真正看到了，他才能接受。像咱们宣传，说得再好也不如真正给他做着，带着他干，他觉得接受得来。所以要从培训、服务理念上做起。

另外从带动上，我们现在的服务对象跟以前是千家万户不一样了，在农业科技上，我们的服务对象也转变了。我们针对的是新型经营主体，国家这几个中央1号文件也提到。咱们现在的服务对象是通过大户、合作社来带动老百姓，另外也形成一些规模化、集约化的生产。所以这都是农业科技在我们赤峰市农业生产中发挥的作用。尤其是我们农业科技人员试验示范推广新技术，另外也宣传党的方针政策，这也是《中华人民共和国农业技术推广法》赋予我们的责任和义务。所以我觉得农业科技在农业生产中，起着决定、支撑的重要作用。

刘锦山：赤峰也是有沙漠，有草地，有山地、丘陵，也有平原吧？

汪耳琪：有。

刘锦山：您把赤峰的整个自然地理环境，还有耕地有多少给大家介绍一下？

汪耳琪：按照现在国家确定的，种的粮经饲的各种作物是2300多万亩，粮食作物是1700多万亩。我们每年种玉米七八百万亩，这是我们的大头，在粮食这块。另外，我们的作物有谷子、水稻、荞麦、小麦、马铃薯、葵花……

赤峰市的农业，种植业这块比较多。我平常也说在咱们全区主要的作物可能都有，面积上都有，但是它都不是占最主要的。最主要的地位意思是第一位。像玉米是通辽第一，马铃薯是乌兰察布，大豆是呼伦贝尔，水稻是兴安盟，葵花是巴彦淖尔市。所以我们赤峰市目前最有优势的，还应该是我们的杂粮，比如小米。这也是内蒙古自治区主席在国家推介会上介绍的。我们要做好赤峰市的小米这块的技术推广。可能我们种植面积最多的时候，像我们的谷子面积达到600多万亩，这两年也应该是三四百万亩。这是按照统计的，但实际可能比这要更多一些。所以我们赤峰市的粮食，农业生产上是方方面面的都有，只是没有占有绝对的优势。我这么讲，因为绝对的优势那就是排名第一的，像每一个地区都有它的突出的、主导的产业。所以从种植业这块，你要说我们的面积，相对来说可能也是感觉比较大。但是要真正就某一种作物来说，拿到全区衡量，就不是最大的了。但是杂粮这块我们在全区，可能占的就是最主要的优势了。这也是目前我们赤峰市重点发展的一个方向，市委、市政府，包括自治区都很重视。

刘锦山：您刚才讲赤峰是一个百亿斤粮食大市，这百亿斤是包括玉米，包括谷子？

汪耳琪：对，包括我们主要的粮食作物。

刘锦山：包括水稻？

汪耳琪：对。

刘锦山：赤峰还能产水稻？我是第一次听说。

汪耳琪：我们赤峰市多的时候有40多万亩，现在30多万亩，主要在翁牛特

图4 汪耳琪在田间对农户进行技术指导

旗的海日苏、乌敦套海一带，我们的水稻一直也非常好。

刘锦山：赤峰总共有2300万亩的耕地，您刚才讲有1700万亩主要种植粮食作物。

汪耳琪：对。

刘锦山：那剩下600万亩就作为经济作物？

汪耳琪：对。经济作物我们还有一些甜菜、牧草、饲草，这些作物比较多，有油料蔬菜等。尽管我是搞种植业的，但是我们从专业角度分工来说，像我这块可能涉及得要少一些。因为我重点抓的是大田的作物，就是种地这块，蔬菜我们有专搞的，我也了解一些。

像蔬菜设施农业，我们赤峰市在全区还是占有主要的位置的。我们的设施农业这些年一直都做得比较好，都是百万亩以上，有陆地的，有温室大棚的，这块儿应该是在全区做得还是非常好的。现在我们的设施农业、温室大棚，都是规模化的，像元宝山的和润农业，像宁城县的松茸，它都是有一乡一品的。还有喀喇沁旗、松山区，很多的旗县把设施农业作为农民增收致富的最主要的一个产业来抓。

三、农业发展成就

刘锦山：汪老师，我们知道我们国家是从1978年开始，实行家庭联产承包责任制，以家庭作为一个经营主体，调动了农民的积极性。从1978年到现在已经有40多年的时间了，那么这40多年的时间在科技各方面，包括您刚才讲农民的经营意识等，都发生了比较大的变化。在这个过程中赤峰市农业生产的经营、作业方式有什么样的变化？您给大家介绍一下。

汪耳琪：我是1986年参加工作的，1982年开始学农业，一直干农业，也是目睹了我们市里农业生产的发展过程。我记得刚工作的时候，我们的粮食产量才二三十亿斤，后来发展到五六十亿斤，这是一个坎；2015年跨上了百亿斤。最早我们内蒙古自治区的百亿斤地市是通辽、呼伦贝尔，我记得我们赤峰市是第三个进入百亿斤的，现在当然可能又有其他盟市加入这个行列里面了。赤峰市的农业发展过程，原来产量低，包括选择的一些品种的问题、技术的问题。

我们最主要的玉米这块，从品种来说，原来的产量可能是达到每亩五六百千克、六七百千克，这就算比较好的，现在我们生产到八九百千克这都属于常态。我们曾经搞过吨粮田，这在过去都是可望而不可即的事。在我刚毕业的时候，包括自治区农大的教授们都觉得，我们搞吨粮田建设，只是一个梦想。但是现在梦想确实变成现实了。现在老百姓稍微把地好好加强管理，选择好的品种，达到上吨粮，并不是痴人说梦。

现在我们玉米的产量一般都是七八百千克，这样每年老百姓的收入就比较可观了。因为前些年玉米还有生产者补贴，因为它是我们全市面积最大的，老百姓种得最多的。这些年因为国家结构调整，像"镰刀弯"计划①，前两年国家从政策补贴来说，倾向于大豆的补贴，玉米生产者的补贴适当地缩减。从去年开始尤其到今年，国家又开始特别重视粮食安全、粮食生产，国家提到省长负责制，国家对粮食安全这块这么重视。现在我觉得老百姓种粮的积极性也非常高。谈到我们赤峰市农业生产的发展，依靠好的技术非常重要。像我说到的地膜覆盖的技术、水肥一体化的技术、保护地，都是保护性耕作的技术，还有病虫害防控的技术，这些好的技术在生产中，确实发挥了它的决定性的作用，也带动了农业生产的发展，使单产提高、总产增加，农民的收入提高了一大块。

---

① "镰刀弯"地区，包括东北冷凉区、北方农牧交错区、西北风沙干旱区、太行山沿线区及西南石漠化区，在地形版图中呈现由东北向华北—西南—西北镰刀弯状分布，常年玉米种植面积占全国的三分之一左右，是玉米结构调整的重点地区。2015年11月，农业部出台《关于"镰刀弯"地区玉米结构调整的指导意见》，提出力争到2020年，"镰刀弯"地区玉米种植面积稳定在1亿亩，比目前减少5000万亩以上，重点发展青贮玉米、大豆、优质饲草、杂粮杂豆、春小麦、经济林果和生态功能型植物等，推动农牧紧密结合、产业深度融合，促进农业效益提升和产业升级。

四、地膜覆盖技术

刘锦山：您这么多年来研究地膜覆盖技术，为赤峰市的农民推广应用这项技术，取得了很好的成就。请您介绍介绍这方面的情况。

汪耳琪：我1986年毕业，毕业后就跟着站长，跟着一些老同志、专家，一直从事这方面的工作。我们国家是1982年从国外把这项技术引进来的。我们赤峰市这个地区，干旱少雨，十年九旱。以前人们说大灾大减产、小灾小减产。干旱就制约了我们赤峰市农业生产的发展，就是说保苗问题，这是老百姓最重要的问题。老百姓说了有钱买种、没钱买苗。出苗以后才能保证最基本的生产。所以从我毕业以来，一直抓地膜覆盖这项技术的推广。

从1986年开始，我们通过实验室引进。另外自治区、国家也大力推广。我记得1993年包括温饱工程①，国家层面进行地膜补贴，让老百姓推广这项技术。在20世纪90年代的时候，可能由于玉米价格比较低，即使给老百姓补贴，真正应用这项技术的都很少。我们从大田上1993年开始试验示范，就想着大面积推广。可以说老百姓接受程度还是很低的。因为那些年我们搞了很多，也是做了试验示范，让老百姓看，确实是增产、增收，但是那个时候玉米价格都便宜，两三毛钱一斤，算不过来账。到20世纪90年代末的时候，随着玉米价格的提升，尤其是在2000年的时候，这项技术就被我们广大的老百姓接受了。那个年代，我觉得技术人员也好，政府部门也好，农民也好，更注重产量的提高。不管用什么方式，能达到高产，这就是我们的目标和目的。可以说这项技术在赤峰市，就跟星星之火可以燎原一样，慢慢推广起来了。所以为什么说我们赤峰市从原来的20多亿斤，到30多亿斤、40多亿斤？一个一个的过程，我们有很多的技术。为什么产量能提高呢？我们的地基本还是那些，土地变化并不是特别大。当然了，由于土壤普查，可能后来有些耕地的确定，使土地面积稍微地提升了一些，但是我觉得还是技术这方面发挥了更重要的作用。所以地膜覆盖这项技术对增产

---

① 温饱工程，中国从20世纪80年代起在农村贫困地区实施的一系列科技扶贫工作的总称。

增收，真是功不可没。

尤其是在2008年之后，我们从甘肃广河县引进了玉米全膜双垄沟播栽培技术。这项技术经过近10年不断地引进、吸收，再创新。甘肃那个地区风沙大，特别干旱的地方，它也是地块比较小，这项技术在甘肃乃至在全国，都是国家的一项重点的农业技术。技术是非常好的，老百姓也非常愿意接受，在生产中也发挥了很大的作用。刚才我说我们2008年引进了全膜双垄沟播栽培技术，我们赤峰市确实是引领了全自治区的发展。我们引进来，其他的盟市也没少到我们这里学习。最后老百姓——关键是农民，真真正正地接受了。尤其我们地区我刚才说了是旱作农业地区，所以通过推广这项技术增温保墒、积雨抗旱。春季下点雨，通过沟播它就渗入土壤中，这就最大地解决了土壤的干旱问题，也解决了出苗的问题。所以这个技术在我们赤峰市，也获得了很多的成果，全膜双垄沟播栽培技术获得了我们市里的科技进步奖，也获得了内蒙古自治区的丰收奖、农业部的丰收二等奖。国家层面也很认可，老百姓也认可这项技术。

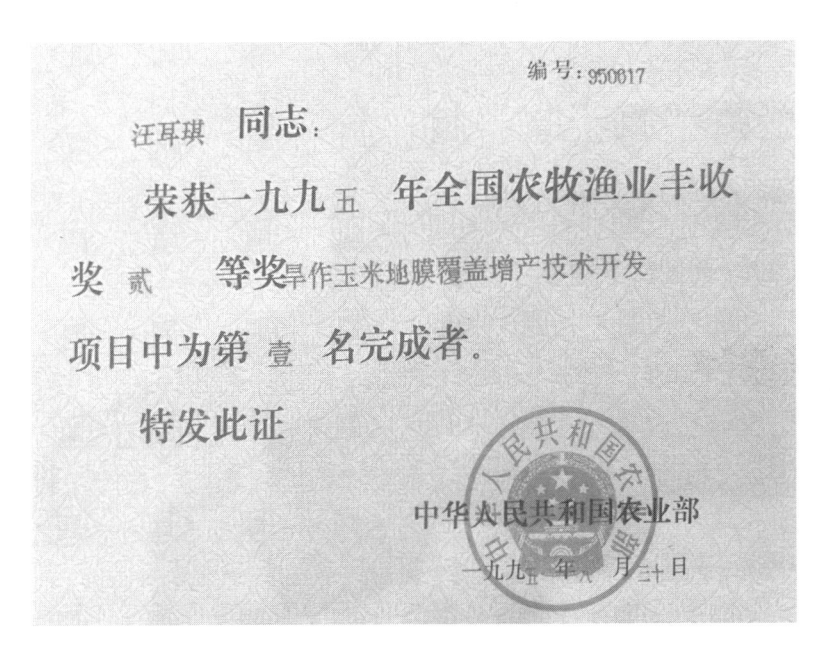

图5 "旱作玉米地膜覆盖增产技术开发"项目荣获1995年全国农牧渔业丰收奖二等奖，汪耳琪是该项目的第一名完成者

图6　1997年2月，汪耳琪的"旱地玉米地膜覆盖增产技术开发"项目荣获赤峰市科学技术进步一等奖

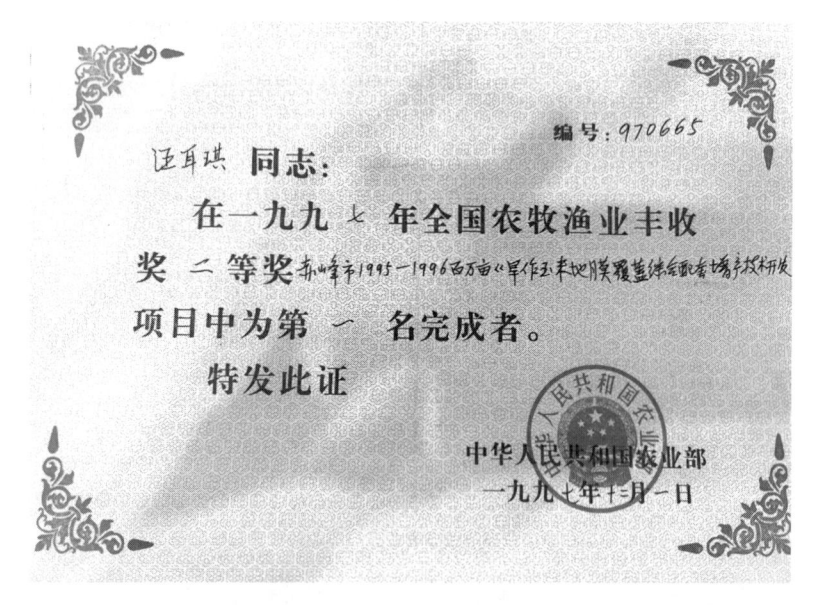

图7　"赤峰市1995—1996百万亩《旱作玉米地膜覆盖综合配套增产技术开发》"项目荣获1997年全国农牧渔业丰收奖二等奖，汪耳琪是该项目的第一名完成者

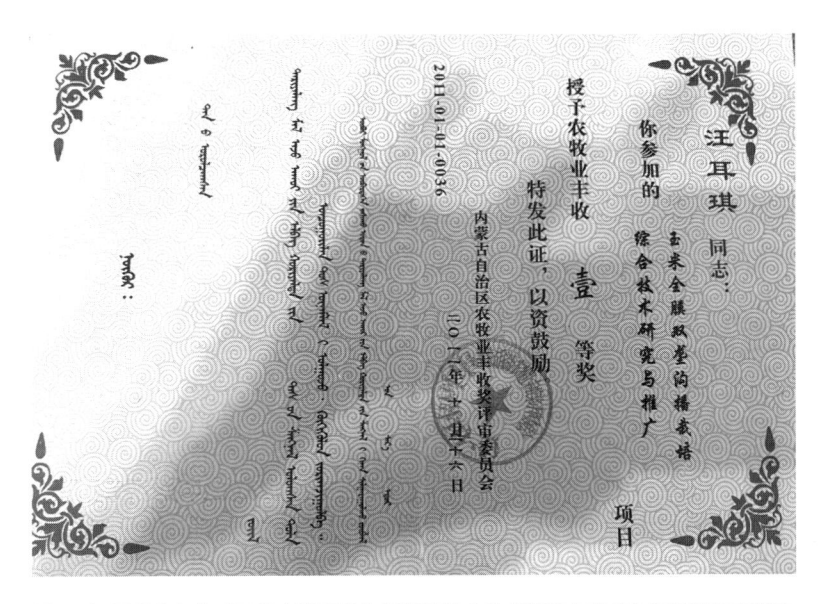

图8 汪耳琪参加的"玉米全膜双垄沟播栽培综合技术研究与推广"项目荣获内蒙古自治区农牧业丰收一等奖

另外我觉得关键是在农业现代化的生产中，它也发挥了很多的作用。像现在我们也知道在农业生产中，要推广规模化的生产。代耕代种，这不是新型经营主体吗？就是因为有这项技术，它能够保苗。所以在规模化生产中，在新型经营主体中，代耕代种的过程中，很多的新型经营主体就因为有了这项技术，才进行规模化的种植。包括给老百姓代耕，你给我300多块钱，我给你种，当然管理是老百姓管理，但是我帮你收。这样它有一个真正的技术保证。另外它省工、省时，全膜覆好以后不用除草。老百姓现在工时非常贵，在农村，青壮年都出去打工了，有时候青壮年在生产的时候回来耕作一下就走了，后期它就不用管理了。轻简化的生产，也是我们农业生产发展的一个方向，它简单，不复杂。我觉得这也是农业生产的一个主要方面。我们在农业生产中也是积极地引导着老百姓做这些技术，尤其是刚才说的增产增收。

我不知道刘博士您有没有印象，像谷子这个生产，间苗非常费工，可能一天间不了半亩。现在通过这项技术，谷子生产成为我们赤峰市一项主要的农业生产，也是占有优势的生产。现在通过地膜覆盖，它是穴播，另外防草，它用了一个黑膜，把草都闷死了。另外我觉得它在减肥减药这块有好处。国家不是提到"四控"吗？现在就是从数量型向质量型转型，从吃得饱向吃得好转变。现在大家伙都说我们农业的污染比较严重，这就涉及食品安全的问题。保障我们食品安全最主要的是减药，我们"四控"就是"控膜、控肥、控药、控水"。通过地膜覆盖以后我们不用使除草剂了，像刚才说的直接把草闷死了，这不就是减药了吗？另外可以控肥，通过地膜覆盖，可以提高肥料的利用率。

刘锦山：把草捂死了，庄稼吸收的肥料更多。

汪耳琪：对，更多。另外控水，尤其是水这个问题。刚才说了水对我们赤峰市非常重要，赤峰市现在也是个非常缺水的地区。尤其是玉米，以及其他作物都是耗水的作物。通过地膜覆盖，我们可以蓄住天上水，保住地下墒。只要下了5毫米的水，通过沟播，因为播种过程中有扎眼，它就能渗透到土壤中去，这样就能充分地利用天上的降雨。这不也是一个节水的农业技术吗？地膜覆盖，包括全膜覆盖，可以说为我们赤峰市的农业，确实做出了巨大的贡献，至今使用这项技术的老百姓可以说有增无减。

任何事情都有两面性，尤其我们地膜覆盖搞了几十年以后，老百姓也认识到了地膜的污染。第一个，到农村，你看春天的地膜刮得树上哪儿都是，另外牲口吃了，也对牲畜造成了很多的危害。第二个，关键是土壤覆盖了地膜以后，捡拾得不完全，有时候都翻到土壤里面去了，再播种的时候很多种子播到膜上了，出苗受到影响。所以任何事情都是两方面吧，有好的一方面就有坏的一方面。现在地膜污染的问题可以说是摆在全国各个地区面前的难题，不光我们地区，像西北干旱地区，包括南方，地膜的应用是最普遍的。所以现在不光是老百姓，我们技术人员的层面，国家已经把这个地膜污染的问题，摆到非常重要的高度上来了。

我在当第十二届全国人大代表的时候，在2014年全国两会上我就提过这方面的建议，就是防治白色污染。当时我们的地膜标准就是0.008毫米，这是以前的国标。从2014年开始，各级包括技术部门从不同的层面都要提高标准。在2017年的时候我们国家通过各级不同的努力，包括企业、技术部门、生产部门、标准化的部门、质量监督部门，终于把标准提到0.01毫米。咱们之前是0.008

毫米，现在提到0.01毫米。通过不断地努力，把地膜的标准提上来了以后，下一步是如何治理。

提高标准之后，使用稍微厚一点的膜就能回收起来。在用薄膜的时候，它在农业生产的过程中，到后期都裂了，回收起来相当难。国家对地膜的污染问题非常重视，所以第一要务是修改标准。毕竟厚了以后就容易回收，后期揭膜也好，或者留的大块也好，老百姓容易操作，就是机器在搂膜过程中都很容易，要太薄了都变成碎片了。所以我们首先重新修订标准，变成稍微厚一点的，这有利于以后各个环节的进行。国家对地膜污染这个问题，要从源头上先开始治理。国家三令五申，现在有新制定的《中华人民共和国土壤污染防治法》，都涉及这块，从源头上，不允许企业生产标准化厚度以下的地膜。这是从治理上。

另外从技术层面、生产环节上，国家也是大力地推广，能不覆膜的地区，同样一个品种，能保证成熟的前提下，我们要推广一些保护性耕作，比如浅埋滴灌技术，不知道您听说过吗？它可以节水，通过滴灌带浇作物。以前我们都是浇地，现在我们使用浅埋滴灌这项没有地膜的技术。同样的农作物要是通过地膜覆盖，能打到800千克，要是通过浅埋滴灌能打到750千克，少50千克，但是我后期算算它的成本和效益，这都是可以的。

我们在地膜覆盖的过程中，技术上我们也跟老百姓建议二次利用地膜，用厚一点的膜。像葵花这不都是点播吗？第二年种的时候，可以在它没有破裂的地方，搞地膜的二次利用。这些试验都比较成功。另外我们现在搞一些半膜沟播技术。半膜沟播技术能减少使用三分之一的地膜，还能保证它积雨、保墒、出苗。可以这么说，这是老百姓在生产实践中不断摸索出来的。其实老百姓对地膜的污染也高度重视。因为现在国家规定土地承包30年不变，现在国家又有新的政策再给你30年，土地基本上都是在自己的手里头，所以老百姓对这个土地很重视。膜的二次利用、半膜，不都是减膜的一个很好的措施吗？

现在国家对地膜的回收特别重视。从国家层面有很多的项目回收地膜，通过项目支持带动老百姓。另外通过机具，从农机方面，我们现在也研究很多农机具，在秋季作物收获以后进行地膜回收。厚一点的地膜不是好回收吗？另外我觉得还有一个重要的方法，就是降解膜的使用。这也是我们今后的一个方向。这块的技术研发，国家可以说也投入了很多资金，各地也进行不同的探索。因为我也是一个老的农业科技工作者了，我坚信降解地膜通过不断地探索配方能研制成功。首先得保证降解地膜对土壤无害，这是最主要的。所以农业生产上，我觉得降解地膜，今后它和保护性工作、免耕栽培必须结合在一起。我觉得这也是防止地膜污染的一个主要的方面。国家现在也是每年鼓励老百姓回收地膜，或者是进行兑换，用废旧膜换新的地膜。另外也进行宣传，通过各级农业技术人员对政策的不断宣传。还有政策的补贴，国家在试点的地方也拿出不少资金来进行补贴，包括我说的降解膜的研发，以及它在使用过程中的补贴，这不都是为减轻地膜污染做的一些具体的工作吗？现在各级还要把地膜的回收，减轻地膜的污染，纳入各级党委、政府考核的责任状。

这说明什么呢？现在国家非常重视地膜污染这个问题，我们也是各级层层发动，不管从技术层面，从政府层面，这块工作现在可以说做的力度也非常大。在治理地膜污染方面，现在工作一直在推进，国家也好，各地区也好，都在出台不同的政策，尽快地解决地膜污染和粮食产量提高这个矛盾。

刘锦山： 汪老师，您刚才介绍了赤峰市地膜覆盖技术的整体情况、为解决地膜污染做的努力，国家方面的，还有企业的，包括农民都在做这方面的努力。那您再具体介绍一下地膜双垄沟播，这个技术到底是怎么样的？

汪耳琪： 最早地膜是平播的，半膜。它是种的时候通过机器把玉米种到沟里面，双沟，双垄的，种到沟里面。刚才我给您讲过沟播。它有个小沟以后，雨水就容易积累。像我们农业生产这些技术，都是老百姓在实践中不断摸索出来的。这项沟播的技术最简单说有时候在背上种。很多平播下点雨，它不就流走了吗？就这么简单。咱们通俗地说，沟播它就是积到沟里面了。这就是为什么在生产中，沟播技术在各种作物种植中能真正运用的原因。因为它积雨。当然地膜它保墒、增温。地膜覆盖以后，它可能生育期能延长七八天，你一个作物能延长七八天，由中熟的变成中晚熟的，生育期间长它的产量肯定就能提高。

五、农技推广培训

刘锦山：农业技术推广站在我国农业生产过程中起到了很大的作用，技术推广、培训农民、推广新技术。您结合赤峰市农业技术推广站的情况，介绍一下咱们农业技术推广这方面的情况，包括它的服务体系、人员配置。

汪耳琪：从全国推广中心，到省一级、市一级、旗县级，我们有一个比较完整的农业技术推广网络。农业技术推广体系是支撑农业生产的一个主要的体系。可以说我们农业技术推广人，对接的就是千家万户的老百姓。我们真正的服务对象就是农民，现在是大户也好，新型经营主体也好，最后的落脚点就是农村。

农业科技这块我觉得还是非常重要的。因为新技术的推广，新品种的引进，包括党的一些好的政策，像补贴，都得通过我们这个系统的技术人员去做。国家现在说老百姓种地有补贴，以前有良种补贴、大豆补贴、玉米生产者补贴，这些东西都通过我们技术人员来引导着，包括地块的核实、技术的推广。现在科技大户、试验示范基地的建设，各级的人员来进行技术指导。搞得好一点的地区，也做一些试验示范的基地，也抓一些园区的建设，不只从农业方面，从蔬菜、经济作物这些做得好的地方，都是技术指导、技术服务跟上去的地方。

像我们全市 200 多个乡镇，我们农业技术推广人员有 1300 多人，我们各级，从市级到旗县级到乡镇级的农业，这个体系支撑着我们全市的农业，这也是对全市农业生产的一个科技支撑。近些年可能乡镇人员偏少一些。它牵扯到一些工作。但是我感觉到，我们重点地区的农业科技人员，发挥的作用还是比较好的。因为咱们也是引导着大户、科技示范户、新型经营主体去做，引导他们把一些好的东西推广开来。我们把学到的看到的国家层面好的技术、自治区层面好的技术进行推广，引导着他们做，在我们的试验基地，或者在园区，或者在农民、科技示范户、新型经营主体他们自己的地块上。这个新型主体就是家庭农场这些，他们都有统称的。由承包大户把一些好的技术再推广开来，通过他们再引导一些老百姓来进行种植。

其实很多技术，像我们认为这都已经是成型的技术了，农民的接受思想不一样。另外像我们赤峰市南北差异又不一样，地域不一样，老百姓接受能力不一样。有些地方可能是我今年看到你这块种得特别好，我明年也要开始，农民他是看着来的。当然我们宣传的、培训的不都是些科技户吗？你不可能落实到这么多的农户，千家万户也服务不过来，就通过科技户以点带面带动农户，这样把一些工作都能带动起来。包括现在乡村振兴也好，产业扶贫也好，怎么样做呀？不都是通过科技的带动吗？用一些好的技术来带动村里，通过村里这些重点的产业，包括一些重点的技术，这样才能带动村里的老百姓，包括果树、蔬菜、大田作物。现在老百姓说种点谷子，尤其像今年这个情况，很多大户都承包了很多的谷子田，还有马铃薯、葵花这些。现在这个生产过程中不再像传统的耕作，广种薄收，我们现在种子播种都是精量播种，以前是撒播。这不都是一些新的技术的提升吗？所以像我们以前种谷子，种的时候都调播，间苗的过程中多费劲，产量低。但现在我们通过穴播，又防草，又省种，最后实现高产，产量也高，另外品质还好，保证它充分的成熟度。

农民，我觉得土地是他赖以生存的根源。我也下乡搞过调研，大部分的老百姓，还是要把他的地种好的。也得帮助农民脱贫致富，包括很多困难的农户。困难农户也得有产业，怎么样让他有产业？产业要通过技术的引领，不管是种植业，农业作物也好，经济作物也好，包括畜牧业也好。

刘锦山：汪老师，赤峰市的这四级农业技术推广站，有多少人员？

汪耳琪：我们市里的单位有 30 多人。当然除了我们这 30 多人，还有说像农业多种经营管理站，这都是属于农业技术推广系统的。可能我们市一级涉及农业这块，包括种子这块，一共 80 多人。

六、农技科研传播

刘锦山：汪老师，您在平时做农业技术推广的过程中，一方面要到田间地头去，给大家推广技术，宣传政策，另一方面我看您还做了好多的研究，30 多年来也发表了不少农业技术方面的作品。请您谈谈这方面的情况。

汪耳琪：其实我作为农业技术人员，深入田间地头进行技术指导，这是我们的职责所在。我刚才也讲了，很多好的技术，都来源于农民，来源于生产。真的好多好的技术，好多好的方法，包括刚才我给你讲的全膜双垄沟播这项技术，最早我们是从甘肃引进来的，甘肃那也是老百姓在种的过程中，探索出这么好的技术，技术人员通过提炼、提升形成成果。

在单位，有时候大家在交流中，我说我们的任务就是，第一把好的技术推广到实践中去；另外我们发现典型，探索出技术，进行总结提炼；这事完后再返回到农业生产中去，指导农民，指导老百姓。所以我们每次下乡，一见面觉得我们是搞推广的，最早人们都说远看像个要饭的，近看像个卖炭的，走近一看是推广站的。但是现在我们的条件都好了。尤其近些年包括我们内蒙古自治区的，包括乡村的治理也好，乡村的公共建设也好，现在到农村去我觉得条件都好了。另外我们在工作中耕作了30多年，对农民也很有感情。您刚才最早跟我说为什么学这个。可能那时年轻，为了高考，可能是真的说不上有多少情怀。现在觉得对农业、农村很有情怀了。因为干了一辈子，喜不喜欢我觉得那都不重要，关键做了一项工作，有责任、有义务要做好它。

我以前跟很多的领导和技术专家们沟通的时候，我们做一行其实真能说是爱一行。农业生产这个工作，有人说广阔天地大有作为。到农村去，很多技术被老百姓接受了。其实我们到田间地头，老百姓对我们特别好，农民也对我们特别信任。我们有热线，他们需要什么经常也来电话。一些好的技术他真不懂，我们也是去指导。当然了，最早我也没少讲课，但这些年就稍微让年轻同志们去讲课，去培训。我们把很多好的东西，老百姓见都没见过的提供给他们、说给他们，或者给他们一些物化的补贴，老百姓特别认可你。你给他提的这些技术，他特别能接受。

举一个例子，像谷子这方面，大家伙觉得小米的种植对我们赤峰市来说很重要，人家说赤峰市是小米的故乡，敖汉旗是小米起源的地方，八千年八千粟。但是随着人们生活水平的提高，人们的需求不一样了，包括谷子，说我不光要吃粥，我还要其他的方面，有做饭的，有喝粥的，还有营养的，这个那个的。你看看那开发的谷子还有黑的、绿的、白的、红的，还有月子米。所以要求多了，老百姓想法也多了。另外现在品牌优势在市场上它要求也多。所以这些年我为什么说老百姓，有些还是比较听你的。像谷子我们通过向外地学、了解、培训，我们也请一些专家，人家提的说有富硒谷子。你也知道富硒小麦，巴彦淖尔的富硒小麦，富硒的产品。为什么说富硒？富硒对人的身体有好处是不是？所以我们就从这方面搞一些试验，我们进一些富硒肥，给大户们搞一些富硒的谷子，我们提供给他一些富硒这方面的东西，让他喷富硒肥。我们经过测查，包括质量监督局取样测量，确实产量非常好，色泽好，口感好。你说老百姓他能不听你的吗？

另外一些除草的东西，像我们有的专家告诉他你几样除草，你本来三到四样就可以，这个除草最佳。你要不给他讲，他可能用六七样、八九样除草。你打多少药也不好使。我这些年的感觉，你要真为老百姓做事，老百姓真的欢迎你。你到这儿搞一些试验，他要看到成效，他才真正接受。

当然从我们这个层面来说，我们可能更多地接触一些大户、科技示范户。我们到乡下去，到村里去，到地里去，我们可能更多的是看一些我们抓的科技示范点。其实我觉得抓一些科技示范点，以点带面，这样可能更好地推广。每年我们也召开一定数量的现场会。由于今年新冠疫情的影响，我们上个星期一、星期天报到，我还在松山区召开一个小型的现场会。因为这个时候正是看半膜沟播、全膜沟播、浅埋滴灌，还有各种的地膜，如厚膜、降解膜最好的时间窗口。我们也组织很多大户参与，电视台也进行了宣传报道，就是说给农民做，你得真的实实在在地做。

农业人才要"懂农业、爱农村、爱农民"。我们必须有这种情怀。做农业工作，你看我们的人，每年在生产季节的时候，真是晒得脸黑黑的，晴天一身土、雨天一身泥的，搞实践的，真得做成这样的。只要去做，现在农民的科技意识也比较强了，很多你懂的、很多好的技术传播给他，他一定会接受的。所以说我这几十年也感觉到，确实是要把老百姓很多好的东西总结出来。我们也总结了很多成果。当然了，作为科技人员，最后还得落实到成果上，通过成果的宣传、培育，再把成果引进或者是传播，你最后才能在实践中发挥最大的作用，也能发挥效益。所以我们不光是总结论文，一些好的东西，好的栽培技术措施，我们每年都有总结好的典型。

针对沟播技术，我们在全国农业技术推广方面的期刊上，都发表了很多论文。另外在内蒙古的杂志上也发表了很多。也接受了很多的采访，电视台这块我们真的广泛地宣传了，以前中央电视台7套[①]都来我们这进行采访。像我们这些工作，需要宣传，宣传好的典型，宣传好的经验，宣传好的技术，来带动广大的农民学习、用新的技术。

图9　汪耳琪在田间

《中华人民共和国农业技术推广法》也规定了我们有很多的义务，除了技术指导、宣传、技术提炼这都是我们的职责所在。所以几十年来不光我这样做，我们所有的人都这么做，老同志也好，年轻同志也好，都在不断总结。你做完以后必须再总结，总结成功经验，或者失败的教训。通过不断的总结，更好地把很多好的东西，运用到生产实践中去。所以几十年工作就这样过来了。从一开始大学生，可以说在我们那个年代，单位还比较重视，1986年到单位以后，就一直从

[①] 中央电视台7套原为军事·农业频道。2019年8月1日起，CCTV-7军事·农业频道改为国防军事频道，中央电视台农业农村频道（CCTV-17）开始试播。

事这方面的工作，不知不觉 30 多年过去了，不知不觉地就走过来了，职称也好，工作也好，各方面组织也给了。其实我有时候觉得也没有做什么，但是组织也给了很多的荣誉。怎么说呢？我们的工作就是很平凡的工作，就是和老百姓打交道。真的，不和农民打交道，这项工作就做不好。

刘锦山：没办法开展。

汪耳琪：没办法开展。所以我觉得我们这个系统，我们这个单位，我们这些人很简单，不复杂。这是我给他们讲的。因为我们接触的人群就是老百姓，就很简单，所以我们的工作也很简单，我们的工作可能就是技术，没有那么多的复杂的，我们都是用技术工作服务老百姓，就这么简单。

七、女性立业之思

刘锦山：汪老师，2016 年您当选为赤峰市妇联第五届执委会执委和兼职副主席，应该说您作为一位成功的女性，在农业生产、农业技术推广方面，做出了很大的成绩。下面请您谈谈对于女性的建功立业、实现自己的理想这方面的思考。

汪耳琪：2016 年，这也是组织需要吧，我被选为赤峰市妇联第五届执委会执委和兼职副主席。当时我觉得这个责任很重大，为女性代言，为女性的工作服务，我觉得这也真的是我义不容辞的责任。因为我本身就是一个女性科技工作者，所以这块工作我确实感触很深。因为女同志身兼数职，像我们这样的人基本是工作家庭两不误，像我服务的对象在农村，现在也是女性比较多。我调查了一下，现在在农村，农民种完地以后，青壮劳力都外出打工，现在你到地里看看，到生产季节的时候，什么锄苗的、拔草的，90% 都是女同志。另外现在在基层女性科技工作者也比较多，像我这个系统能有一半。我调查了一下像宁城有 48% 都是女性。所以我觉得女同志在工作中，在各个行业中，发挥的作用还是非常非常大的。在家庭中，在工作中，女同志她还有一种——反正我感觉到跟男同志不一样的感觉。女同志干事，工作也比较细心，也是非常认真的。所以这些年兼职赤峰市妇联副主席，我也是积极投身到这块工作中去，有机会为女同志多说一些独有的很多困难，提一些好的建议。妇女能顶半边天，在各个层面上女同志发挥的作用是功不可没的，包括现在家庭中女同志付出的更多一些，工作和家庭兼顾着，可能付出的辛劳和努力要更多。所以我兼职了这块工作以后，只要有机会就多为妇女同志呼吁呼吁，多把这块工作反映反映，就这样的。这也是能更好地发挥我们的作用吧。

图10 2017年，汪耳琪出席十二届全国人大五次会议

刘锦山：妇女在工作中还要照顾家庭，您觉得在工作中怎么样才能更好地实现自己的人生理想呢？

汪耳琪：那还是要树立信心吧，不能迷失自我。我说说我自己吧，我就是个工作生活两不误的人，我可以说几十年来，没有因为家庭耽误过工作。想当年我女儿考大学，学习、家里都是我来照顾，这就得多付出一些。因为我爱人也是公务员，也是工作很忙。所以你要找准自己的方向，也得找准自己的定位。可能女同志想要干好工作，真的就要付出比别人多一些的努力，我就是很好的一个例子。工作上我也很努力，家庭其他也不耽误，女儿考上大学了，工作了，在外地了，也从来没有耽误过。就是这样的，所以女同志一定要真正地找准自己的定位。我认为，当然工作这是一方面，家庭也是主要方面，双方都要兼顾。

刘锦山：可能由于性别和自然的分工吧，确实从某种程度上女性在家庭中付出要比男性多一些，因此既要照顾好家庭又要做好工作，确实挑战和压力也是比较大的。

汪耳琪：对，挑战、压力并存。

刘锦山：所以我们应该向所有的女性，女同胞致敬。

汪耳琪：谢谢，也希望你们能理解。

刘锦山：祝愿所有的女同胞家庭、工作都能做得比较好。

八、展望未来发展

刘锦山：汪老师，最后请您谈谈，未来几年的一些规划和思考。

汪耳琪：我刚跟刘博士说过我是1986年毕业的。我是1962年出生的，干这行已经干了一辈子了。我跟单位的同事经常说，在这个系统里面我们要培养年轻人，培养年轻骨干，培养技术骨干，做好本职工作，有一分力出一分力。未来对于我来说，没有那么宏伟的规划，也没有宏伟的理想，没有那么多。作为一个技术干部来说，只要我们在岗一天，我们就要为老百姓服务一天、为农民服务一天，这就是最大的理想和梦想。其实有时候真的觉得工作很平凡，没有那么多的条条框框。我有时候给单位说真是点滴成河，我们做了30多年，回想回想，没有做什么惊天动地的事，没有，都是很简单，很小很小的。技术的推广也是我们把每一项技术引进来，再摸索着过，就一点一点地过来了。不知不觉地时间就过去了，不知不觉老百姓就接受了，在不知不觉中这个项目就作为我们农业生产主要的一个技术。另外我们也取得了很多的成果。

刘锦山：从20亿斤发展到100亿斤。

汪耳琪：是的，在我毕业的时候，我们赤峰市的粮食产量是20多亿斤，到现在，我们报的是110多亿斤，实际生产能力我们赤峰市能有150多亿斤，一百五六十亿斤。

刘锦山：还有空间。

汪耳琪：还有空间，空间很大。现在它有一个统计总体的平衡问题，所以我们现在国家粮食安全绝对能够保障。在各级党委政府和科技工作者的共同努力下，老百姓对这块土地的热爱谁都不能比。说实在的，农民他能不种地吗？你看看每年到这个季节，你到农村去走一走，可以说是心花怒放的感觉。我们的科技试验田，我们大户承包的田，苗齐、苗壮、苗匀，一片绿葱葱的，真的特别好。

很多新技术的推广使用，包括智慧农业逐渐在生产中的应用，这就是现代农业发展的趋势，我们现在就往质量型上发展。现在不光农业，其他行业的高质量发展是我们今后发展的方向。我们如何高质量地发展？如何引导？农业上"四控"，我们要控膜、控水、控药、控肥，这都是和我们平常老百姓息息相关的事。大家伙要吃到一个比较安全的粮食，农药残留少一些，残存的重金属少一些，残存的有害的东西少一些，这不就是我们老百姓最期盼的事情吗？食品安全源头其实是我们的农业生产，生产环节是第一关，所以希望我们的农业生产，在现在乃至将来越发展越好。

我觉得现在国家的很多政策非常好，免耕农业，保护性工作，国家对食品安全的重视，对粮食生产的重视。手中有粮，干什么事才不慌，这是最主要的。所以我们中国人的饭碗，要牢牢地端在自己的手里头，我们的碗里要盛着我们自己的粮食。所以现在国家从品种上、从技术上、从自主研发上，这些方面国家确实加大了力度。从技术上，我这么想，培养年轻人，培养我们自己本土的专家。所以作为农业科技工作者，我觉得在今后一个时期还是大有作为的。另外我觉得国家农业生产的形势会越来越好。国家重视污染问题。土壤的污染，地膜只是其中的一个方面，包括环境治理，包括绿色农业、生态农业，现在发展得越来越好了。以后可能国家会从技术上着手，新技术的应用会越来越好。国家也是制定了很多政策，剧毒的农药，对农业生产有害的东西，国家有法律法规来禁止生产、使用，这样就引导人们懂法。老百姓要是使用这些违规的产品，包括引起土壤污染的地膜、农药，或者一些有害的东西，属于犯法行为了。从国家的层面通过法律来制约，我们的农业生产，包括我们未来的农业生产，我觉得形势会越来越好。

刘锦山：汪老师，谢谢您接受我们的采访。

赵会杰

政策助农促发展

采访时间： 2020 年 7 月 5 日
初稿时间： 2022 年 5 月 23 日
定稿时间： 2022 年 6 月 23 日
采访地点： 赤峰市图书馆"赤峰记忆"拍摄现场
版　　本： 文字版

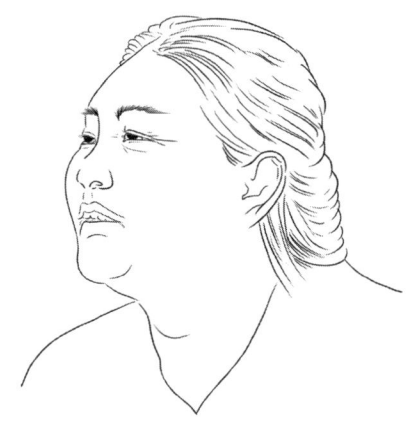

赵会杰速写

　　赵会杰　满族，1970 年 7 月出生，中共党员，大专文化。赤峰市松山区大庙镇党委副书记，大庙镇小庙子村党总支书记。1995 年参加工作。2009 年担任小庙子村党支部书记后，积极带领群众改变种植结构，发展中药材种植加工产业，延伸产业链条，增加群众收入。2016 年获得自治区级"优秀党支部书记"称号。2018 年当选第十三届全国人大代表。2019 年被评为"自治区优秀共产党员"，2020 年被评为"全国乡村旅游能人"。

　　刘锦山： 各位朋友，大家好！今天是 2020 年 7 月 5 日，这里是赤峰市图书馆"赤峰记忆"第四期"杰出女性专题"拍摄现场。今天我们邀请到的嘉宾是赤

图1 赵会杰（左）接受"赤峰记忆"采访

峰市松山区大庙镇党委副书记、大庙镇小庙子村党总支书记赵会杰女士。赵书记您好。

赵会杰：您好，主持人。

一、农民的孩子

刘锦山：非常高兴您能接受我们的采访。赵书记，首先请您向大家谈谈您的个人情况和成长经历。

赵会杰：我其实是地地道道的农民，农民的孩子。我出生在赤峰市松山区初头朗镇福山庄村，我在我们家排行老大，1970年出生的。我是8岁上小学，在我们村小学毕业之后，考到了松山区的赤峰蒙古族中学。当时可以说是很激动人心的一件事，因为赤峰蒙古族中学录取比例是非常低的，我当时考上也是很给我爸妈争了脸。在那儿初中毕业之后由于成绩不太理想，我又回到老家，在初头朗中学补习了一年之后考上了初头朗高中。初头朗高中毕业之后就去矿山上班了，没有再选择复读。当时我们松山区有一座民营矿山叫官地金矿，由于矿的品位有点低，金子的含量低，前后一共3年的时间，矿山下马了，我也就回到了老家。在矿山工作期间我在那成了家，矿山一下马，就回到了现在的小庙子村。

刘锦山：这是哪一年的事情？

赵会杰：这是1991年的事情。1992年有了我的女儿。有了女儿之后的第四年，也就是我女儿4岁的时候，1995年我在我们村小学担任了小学教师。当时可以说咱们农村的师资力量薄弱。科班毕业的毕业生不会选择去那种偏远的农村任教，所以农村小学的师资力量薄弱，于是就在社会上公开招聘民办教师。我当时过五关斩六将，竞争也很激烈，考上了，在我们村小学当民办教师，一干就干到了2000年。2000年的时候，我们村没有管计划生育的专职干部，当时书记和村主任就找到我，动员我去从事计划生育工作。经过好几天的思想斗争，也是家人做工作，我选择了去小庙子村委会担任计生专干的工作。从2000年3月到村担任计生专干，一直到2009年6月，我被党员和群众推选为小庙子村党支部书记，一直干到现在。在这期间，2018年当选第十三届全国人大代表，2019年11月被破格提拔为大庙镇党委副书记。就是这样一段工作经历。

刘锦山：赵书记，您从高中毕业基本上一直都在农村，在村委工作，对农村非常了解。您在担任小庙子村党总支书记之前的时候，您刚才介绍过从事过教学工作，当过教师，也做过村里的计划生育专职干部。我想请您谈谈这两项工作对您做好小庙子村的村支书工作有哪些帮助和作用呢？

赵会杰：虽然说当民办教师和当计生专干挣钱不多，我们工资很低，但是我觉得对我从事后来的党支部书记工作是起了一个奠基的作用。我觉得在那段时间跟学生打交道，实际上是很单纯的一件事。当时书记和村主任动员我去管计划生育工作的时候，我很是纠结。因为当时觉得在学校跟孩子处得很好，跟家长们处得也很好，如果一辈子这样干下去，也算是实现人生价值了。当时我在学校的时候，可以说通过教学和家长建立了很好的关系，他们对我认可，我对他们也有个深入的了解。到村里之后，可以说跳出了学校的大院，接触的人更多了，接触的面更广了，实际上对我来说是一个全新的挑战。通过计划生育工作的走乡入户，通过和各种各样的人打交道，通过和上级的各个部门接触，我觉得实际上是历练了我。

在教学和计划生育这两项工作的进行当中，我觉得我是在进步的。首先是思想进步。原来在学校的时候是比较单纯的一个思想，到了村委会工作之后接触了各种各样的事、各种各样的人，还有工作的性质不同，我就觉得我的眼界开阔了，并且觉得有一种社会责任感。当时只是觉得教学单纯的是为了实现自己的价值，觉得这样就足矣了——我这点书没白念，这点文化水平还是有用的，但是到了村之后我觉得更多的是培养了我的责任感，让我对于自己本身的工作有一种思考：怎么样干群众才能满意？这个过程，我觉得对群众的了解奠定了基础，对社会的这种责任感，也奠定了一个基础。这是我收获最大的，我觉得这些是对我从事这两项工作最大的帮助。

刘锦山：赵书记，您当时在学校教书教的是什么课程？

赵会杰：我从幼儿园教起，一直教到三年级。咱们这个学校的规模，当时是一直到小学五年级。我是跟班上，就是我带的这茬学生，从幼儿园小班、中班、大班、小学一年级、二年级、三年级是这样带起来的。当时全校每个平行班都是两个年级，我教的那个班的学生的成绩是非常好的。现在很多学生毕业好多年了，都成家了，见到我不会叫我书记，他们还是叫我老师。

刘锦山：当时学校有多少学生？

赵会杰：当时学校有 500 多名学生。

刘锦山：那也不少了。

赵会杰：对。两个学校师生加起来，就是教职员工加起来一共 500 人左右。因为当时计划生育，出生的高峰正好在那会儿，我们村又是个大村，相对来说比别的村孩子多，我们一个小庙子村就有两所小学。我是在其中的一个教学点教。还有一个是中心学校，中心学校大概有 300 多名学生。我们这个学校是 200 个学生左右。

刘锦山：当时民办教师代课的话一个月工资是多少钱？

赵会杰：六十三块五。实际上是四十八块五，还有十五元的班主任费，加起来就是六十三块五。

刘锦山：后来民办教师慢慢都转成公办的了。

赵会杰：民办教师后来倒是有了一个转正的机会，但是我没有坚持到那个时候。那是2004年左右的事情，因为我2000年就从学校出来了。

刘锦山：您做计划生育工作做了将近十年。

赵会杰：用计划生育统计年度来说是十个年度，用自然年来说是九年半。

刘锦山：计划生育工作和教学工作，确实对人的锻炼还是非常大的。

赵会杰：是的，我的收获非常大。

二、迎难而上担任村书记

刘锦山：赵书记，您当时担任小庙子村党支部书记的时候，咱们村子的情况怎么样？有多少人口？多少地？人均收入什么样？您给大家介绍一下。

赵会杰：我是2009年6月担任的小庙子村党支部书记。当时担任党支部书记的时候，其实有一件事现在想起来都觉得不可思议，我们都没有一个办公场所。在我担任党支部书记之前，我们长期租用老百姓临街的一个门房，在里面办公，就20多平方米。群众办事、党员活动根本谈不上，特别不方便。当时可以说是一个软弱涣散的村班子。因为我刚当书记不到两个月，就去参加一个培训班，叫内蒙古相对落后嘎查村支部书记培训班，就可见我们这个班子、我们这个村子的状况有多落后。另外我们全村的基础设施特别落后，一眼机电井都没有，老百姓全是靠天吃饭，收入可以说得不到保障，没有一项主干产业，群众也就是勉强能够维持温饱。全村当时非常乱，上访的，告状的，按下葫芦起了瓢。

我也属于临危受命。现在说起来可能当时的觉悟不高，党委动员我参选党支部书记的时候，我是不太愿意的。我觉得我做计划生育工作做得还挺顺利的，群众还挺认可的，领导也挺信任的。我觉得每年都在镇里名列前茅，我就这样做也可以，也不错，也是为村里头办好事。当时自己真是对当党支部书记没信心，觉得这么一个摊子我没信心挑得起来，这个摊子特别沉。后来在党委的反复动员下，我自己也总想试一试吧，看看我能不能行。实际上就是试一试的心理，自己就走上了这条路，一直到现在。现在用我自己的话说开弓没有回头箭，我自己一点儿后路都没有，我只有带着大家伙往前冲。当时我们人均收入也非常低，不足4000元。

刘锦山：咱们当时村子里有多少人口？

赵会杰：当时是2600多人吧，也是个大村子。我们村相对来说是大庙镇比较大的村之一，人口多，土地少。

刘锦山：多少亩地？

赵会杰：当时一共是4200多亩的水浇地，还有一部分山地。我们现在是5370亩耕地，是我后来通过打机电井，生生地把旱地变成水浇地，就这么面积多出来了。当时实际上老百姓收入低，发展没信心，班子又软弱，资源又少，基础设施薄弱，没有主导产业，这些都制约了我们的发展。所以说我是临危受命挑起了这副重担。当时干上之后也是颇费了一些脑筋，让全村才发生一些变化。

刘锦山：村子当时的基础不太好，人多地少，班子比较弱一些，也没有主导产业，您担任书记以后通过什么方式和途径，改变了咱们小庙子村的状况？请您把这方面的情况详细介绍一下。

赵会杰：我是2009年6月当的党支部书记。2009年10月，我们通过申请项目，通村路的项目批下来了。当时进我们村唯一的路是沙石路，晴天一身土，雨天一身泥，到了春天之后路面翻浆，整个路面全是坑坑包包，非常不好走。别的地方卖玉米可能是7毛钱，到我们那儿就6毛钱，这条道路严重制约我们的发展。2009年10月，这条路批下来之后，我们就开始筹备修这条路，当时修这条路是第一件事。要想富先修路，没有一条像样的路就谈不上发展。这条路横贯我们整个大庙镇的六个村，我们村正好是中间，占线最长，卡脖子路段最多。因为我们村占线长，人口密度又大，所以老百姓私搭乱建比较多，这么些年管理混乱，导致这条路总被侵占。上边又没有专门修路的补偿资金，全靠我们自筹。当时正好赶上咱们市区的房屋开发如火如荼，每天耳朵里听到的就是，张三家占了一处房子100多万元，李四家占了一处房子200多万元。老百姓当时觉得你修路，我这个房子碍事必须得拆除，拆除可以，那狮子大开口，就等着要几十万元甚至上百万元。

咱们手里根本没有这个专项的补偿资金，又得自筹。于是当时我就通过公开程序，把我们村的一处教学点盘活处置了。刚才我跟您说了，我在那个教学点教学，当时教育改革被合到一个中心小学了，这个教学点就闲置下来了，我把这个教学点盘活了，给处置了。还有一处20世纪70年代建的一个石头房子的村委会，完全是危房，已经失去了办公的条件了，有10多亩院落。我把这两处资产给处置了一下，变现了8万块钱。然后又自筹了5万块钱，实际上自筹就是从自己兜里拿出来，然后手里一共13万多，就这么点儿钱。老百姓一处房子他都不止想要这点儿钱，根本就是一个难题，我们想法开始做群众工作。您听我现在这个嗓子有点沙哑，实际上原来不是这样，就是因为给群众做工作变成这样的。白天人家都干活，家里没人，晚上半宿在人家里，给人家掰开揉碎地那么去做工作，讲修这条路的好处，动之以情，晓之以理。整个从2009年10月一直到2010年的秋季，我们始终在做群众工作的过程当中，每天睁开眼睛就是在想，我今天应该去找哪个老百姓做工作。终于在2010年秋季，这条路全部贯通。实际上贯通工作一言难尽，这件事说起来三两分钟，但是整个过程非常曲折艰难。我们最终用这11万多把这条路拿了下来，拆了5处民房，占了一部分林地，又占了点耕地，还拆了很多家的院墙。可以说这个工作真是靠磨嘴皮子。

把这条路通了之后，实际上在2010年的时候，我们同时又做了另一件事，就是盖村委会。盖村委会，上级组织部门批了一部分钱，其余全靠自己掏腰包，还有借钱，通过各种渠道建起了一座面积500平方米的两层办公楼，结束了我们村没有办公室的历史。可以说党员活动有场所了，群众办事也方便了。实际上更多的时候是我们有了一种尊严，作为村干部，我们不是说为了铺张浪费，而是说要有尊严地去工作，有尊严地去给老百姓办事。有了一个阵地我们觉得才有了一个依托。

那年还干了一件事，打了第一眼机电井，那个项目叫京津风沙源治理工程。当时是打机电井，在我们村的最下游那个用水最困难的组，打的第一眼井。从那个时候开始一直到2017年末，我们前后打了28眼浇地用的机电井。因为随着地表水越来越少，我们原来靠着吃饭的河流的水量也变小了，群众浇地满足不了需求了，只有靠取地下水来浇地提高老百姓的收成。一直打到第28眼，可以说稳定了老百姓的收入，也提供了一个坚实的保障。

把路给修通了，老百姓出行方便了，农副产品运输、贩卖也方便了，产品的价值也提升了，我觉得这是我们村的几件大事。2013年至2015年期间，我们又通过申请项目，把9个组所有老百姓家的胡同全都硬化上了水泥路面，老百姓出门再也不用走土路了。在这期间我们又建了两座漫水桥。

图2 赵会杰（左二）和村领导班子研究工作

我们村有一条阴河穿村而过，这条阴河滋养老百姓的同时也是一个祸害，每到雨季的时候都会冲走几个人，所以说这条阴河造成的痛，我们真是有点不愿意提。我们河南岸两个组的老百姓，一共有300人左右，可以说非常难，一到雨季根本就出不来。你有天大的事，再急的事根本就办不了，一条河整个就阻挡了，他们的农副产品比在河北面的还要难卖，因为要过河，路太难走了。所以说河对岸的这两个组，生活质量、生活水平、收入各种的都是落后的。

在2012年的时候，我们通过拉赞助，出去找我们村出去的能人，让他们帮助我们。我们又申请一事一议项目。两项资金结合在一起，给第一个组建了一座漫水桥，结束了扛靴子出行的历史。老百姓当时特别高兴，可以说这座桥贯通的那天，他们那个组的老百姓都到这座桥上，那种开心溢于言表。特别是老年人，说从古到今这条河冲下过多少人了，从来就没有坦坦荡荡走过去的时候，这真是感谢好政策，感谢村干部。可以说是由衷地感谢。我们还有另外一个组，因为那个组人口相对来说要比较少，当时没有优先考虑它。2016年的时候我们又通过申请一事一议项目，建起了第二座漫水桥。当时那个组的老百姓比之前组的老百姓更高兴。那种心情，我当时感动得都想掉眼泪。一个老党员当场就给我们作了一首打油诗，诗的质量可能不是那么太高，这首诗表达了老百姓由衷的感激，那种发自肺腑的感激。所以说现在我们要去这两个组做点啥工作，特别顺畅，老百姓特别支持我们工作。也就是说将心比心，我们用实际行动为他们解决实际困难。

这些年我们又把全村的高低压线路进行了整改、增容，让老百姓的用电质量得以提升。随着生活水平的提高，家用电器的增多，老电路满足不了现在的需求了。我们先后两次申请项目，把我们全村的高低压线路全部更换为容量大的那种线，又对变压器进行增容。这样一来全村用电得到了保障，夏天浇地，冬天用电取暖，就不存在经常断电的现象了。我们又做了件什么事呢？让全村每一个组都吃上自来水。每个组都有一眼自来水井，吃地表水的历史彻底结束了，现在我们都是吃50米以下的深井水，经过化验都达标，特别好。

三、带领群众发展中药产业

刘锦山：赵书记，农村要发展，农民要增收，必须有产业作为依托。请您给大家介绍一下这方面的情况。

赵会杰：是这样的。要持续发展下去，我们得发展产业，要是没有一个好的产业做依托，群众根本就谈不上收入的提高，就没保证，收入就不稳定。我们一开始是发展胡萝卜，我们离河北省围场满族蒙古族自治县比较近，围场最先发展胡萝卜产业，当时比较成功。那我们就在想，人家能做咱为啥不能做？我们就离着几十里地远，气候、土壤这个条件都相近，那人家成功了，咱们如果好好做是不是也能成功？于是我们党员干部从一开始试种，到全村大面积铺开，这个用了3年的时间。刚才我跟您说了我们全村一开始是4000多亩地，后来逐渐发展到现在5370亩的水浇地。在这过程当中，我们种植面积最高的一年是3500亩。

刘锦山：种植胡萝卜？

赵会杰：对。收入最好的一年是每亩地纯收入接近3000元。也就是说，那一年我们全村老百姓，光胡萝卜一项就收入1000多万元，还不算其他的收入。让老百姓真正地尝到了产业结构调整、特色种植这个甜头。但是2013年的时候，就面临了一个价格低谷，血本无归。当时是因为市场的冲击，周边种植面积加大，对我们产生了冲击。还有一个是连年重茬种植，它的品质得不到保障，病菌、病虫害不好控制，导致了胡萝卜产量和质量都下降了，所以导致那年血本无归。然后逼迫着我们再寻找新的种植模式。

于是我们就想到了中药材。当时我们有散户零星地在种植中药材，但是谈不上规模，效益已经明显看出来要高于种玉米。我们就在想是不是发展点中药材，看一看行不行。发展中药材得有人带头啊，你要没人带头的话老百姓他肯定是观望，多少年都发展不起来啊。于是我们党员干部先带头种，成立了一个合作社，挖掘了一个能人党员叫李永波。李永波现在是我们的村主任，2014年的时候，他还是一个在北京打拼的我们村的能人党员，自己在北京有产业。他有爱家乡的情怀,我们动员他成立了赤峰宏都种植专业合作社,当年流转的500亩土地开始种植桔梗。从这一种中药材开始,滚雪球一样,他在种的同时带动党员种,党员种成功了老百姓跟着种,老百姓种成功了贫困户跟着种。这么一步一步地,我们村现在的主导产业变成了中草药种植产业,并且面积也由当初的500亩,发展到现在的接近4000亩。品种由当初的桔梗一种发展到现在射干、知母、沙参、党参、牛膝、防风,接近十种的中药材。方式也从一开始的种鲜货、卖鲜货,发展到现在我们给药厂做初加工,延伸产业链条来提升产品附加值,增加农民收入。

一步一步地这样走下来,实际上是产业壮大了,老百姓从这个产业中挣到了钱,我们的收入得到了质的提升。群众的收入提高了,老百姓心气也足了。这些年通过我们不懈地努力,村子现在和谐、稳定、富裕。到了现在这种局面,年人均收入近15000元。2019年末这个数字还是很保守的,如果弓拉得太满,可能下一步余地就不太大了,所以说我们也是比较保守地预算了一下年人均收入是14500元。到现在为止,可以说全村的产业已经成型。

刘锦山:赵书记,现在种中草药平均一亩地投入产出情况怎么样呢?

图3 丰收的喜悦(前排左五为赵会杰)

赵会杰：不确定。因为各种中草药的投入是不一样的，它的市场行情也是不一样的。另外中草药这种作物，它有一年生的、二年生的、多年生的，它没办法估计一亩地多少钱。因为有些投入大的中草药品种，比如说远志，它就收入高，一亩地投入就要八九千元，利润可能有 10000 多元。如果是最简单的，比如说牛膝，一亩地除去投入，可能就剩 1500 元到 2000 元，但是它还是要比种大田玉米收入要好一些。桔梗是如果种了鲜货，卖了鲜货，它的纯收入在 1500 元到 2000 元之间。如果把它进行初加工，去了皮之后做成咸菜，出口韩国和日本，做成泡菜在韩国叫"道拉基"，咱们国内叫狗宝咸菜。或者是把它做成中药材饮片，它是治肺病的，治呼吸道疾病的，滋阴润肺。把它做成饮片之后，这个产业链一延长，一亩地收入接近 4000 元。也就是说产业链伸得越长产值越高。如果挖出来就卖，产值相对来说就低一些。总之它是要比种大田玉米强两到三倍，就是这样一个效益。

刘锦山：种植中草药是不是技术含量也要比种玉米，种胡萝卜要高一点？

赵会杰：我们一开始种植的时候确实有难度。种植的时间、土壤的湿度，种植的技术，包括覆土的薄厚，这个都很有讲究。当时我们也是摸着石头过河，可以说用很多次失败换来的成功。这个也是一步一步的。为啥说我们是党员干部先带头蹚这条河呢？就是为给后来的老百姓蹚出一条成功的路。我们现在是走一条叫"党组织引领产业发展，助力脱贫攻坚"模式。具体就是党支部加合作社加产业党员加农户，再加上贫困户，这么一个"党组织引领产业发展，助力脱贫攻坚"模式。通过这一系列的方式、方法，把这个产业做成功了。

刘锦山：赵书记，这个中草药种植的市场情况怎么样？会不会出现像当年种胡萝卜，大家一看利润都挺大，好多周边的村子都在种，最后产量上去了，然后价格下来了，这方面的情况有没有？如果有，咱们是怎么样去防备这种情况出现的？

赵会杰：有，有这种情况。我们当时在考虑发展这种产业的时候，就想到了这一点。也不能说我们当时发展胡萝卜这条路走错了，但是它有一定的局限性。哪种局限性呢？因为它是应季销售，到了销售的季节你必须得卖，你要卖不了的话它会烂在地里，它没办法保存。没那个能力保存，又没有能力做成相关胡萝卜食品，把它做成产业链，进行一些加工，我们做不到，所以说损失大，没办法避免。

但是我们考虑中药材的时候，它也有它的优势和劣势，总之是优势大于劣势。首先它和胡萝卜比，更耐储存。如果我们觉得价格低，我们确实遇到过价格低的时候，可以把它晒干了之后储存起来。

刘锦山：中药材都是用干的。

赵会杰：对。它能放得起来，它不会烂掉。这一点相对来说我们有点保障。因为价钱不可能永远是在低谷，总有抬升的时候，那时我们再出手。这是一个优势。劣势是啥呢？它是高投入、高风险的一种行业。每亩地它比大田玉米高四到五倍的投入。另外它是一个劳动密集型的产业，用人工非常多。很多人进城打工，在家里的人相对来说不多，并且老弱病残的多，年轻人除非万不得已，出不去才会在家门口打工。这个产业发展起来之后的用工荒，是一个非常非常现实的问题。我们现在每年都有用工荒，因为离河北省近，我们都去河北省雇人工，来进行田间操作、田间管理。

我们确实面临过价格的低谷，价格低谷怎么办？就是稳住老百姓的心。另外我们合作社还承担了一部分社会责任，这就是靠情怀了。怎么办？以略高于市场价回收到合作社这里来，合作社把钱给了老百姓。老百姓的货在合作社放着，合作社也不出售，如果价格抬升了，老百姓可以原价把这些药材赎回去自己卖。如果不想这样做，觉得不厚道，那我们合作社就等价格升高了之后再出手。这样一来实际上把老百姓的风险规避了，合作社承担了很多风险。我们合作社从春种到秋收，除了自己流转的这几千亩地之外，对散户种的接近一千亩的药材实行托管。怎么样一种托管？从技术、机械的有偿服务，到销售渠道，是全程托管的，到机械的起收都是我们合作社来完成的。就是田间管理由老百姓自己来做。这样一来实际上最大限度地保证了老百姓的收入，合作社承担了一定的社会责任。就是这样一种模式。

刘锦山：确实像您介绍的那样，中药材用药一般都是干了以后，就是加工过的药材，不可能拿着新挖出来的去用，这个对它的保存、价格变化、规避一些风险确实有帮助。您刚才讲用工荒，可能好多劳动密集型的种植产业，都有这样的问题。那咱们现在中药材的种植、田间管理这种机械化应用的情况怎么样？现在都是讲农业技术推广、科技种田等，这方面有没有对解决用工荒有一些帮助作用呢？

赵会杰：有。虽然说我文化浅，但是我也明白一个道理：社会在发展，社会在进步，是怎么样发展和进步的？就是因为我们遇到了困难，想突破这个困难，突破这个瓶颈，解决这个困难，于是就想方设法地去破解这个难题，在这个过程当中实际上是社会在进步了，我就觉得是这样。对于我们这个产业来说，你找不着那么多的人来干活，你就得想法用机械来代替。原始的机械满足不了现在的种植模式，那老百姓就动手，都成了发明家，在外边可能瞄了一眼别人的种植模式，那个机器的样子，他回来之后就能去多次改进，去反复地尝试，自己逼迫自己，都变成了民间的土发明专家。我们的很多农用机械都是老百姓自己在做。真是逼上梁山，每个人都挖掘出了自己的潜力。所以说就这个过程当中，用工荒导致了我们机械生产、机械操作的一个进步。

我们现在种和收全是机械化，只有田间管理除外。我们这药为啥说必须人工，我们为了保证这个药的质量，我们不用杀花药，不用那些激素类药的，全是人工操作。

刘锦山：田间管理的主要项目是什么？

赵会杰：除草、除虫。另外我们把中草药的花用锯给打掉了，就是为了不让它开花，让营养回流到根部，促进根系发达。这一系列的过程属于田间管理。

刘锦山：中间那个田间管理上都是人工？

赵会杰：对，全是人工的。如果说你用一种农药，其实属于激素类，我们叫植物绝育素。实际上这种东西用以后中草药就不开花了，但是药效就下降了。

刘锦山：产品的品质也下降了。

赵会杰：品质下降了，就失去了信誉，我们觉得自己不做良心药了。所以为了保证药的质量，我们只能是劳动密集型，全是用人工。

刘锦山：中草药种植这块有合作社，您刚才介绍说经营的模式是"合作社＋党员＋贫困户"等一系列的，那现在有没有注册商标呢？

赵会杰：注册了，我们就是"小庙子村"商标。另外还有一个商标，现在正在备案，走程序，叫"萌婶"。我不知道刘博士您听过没，这是新华社从去年到今年给我做的一个专题，就是"萌婶"系列。他们觉得我性格很萌，觉得这个称呼也很符合北方人的生活习惯。这个"萌婶"的系列节目，创了新华社的点击纪录，2亿多。今年他们又乘胜追击做了第二期，反响也特别好。我就把"萌婶"给注册了一个商标，现在正在走程序，"小庙子村"商标我们已经申请完成了，我们的产品以后都可以用"小庙子村"商标。并且我们的"三品一标"，也都实现了注册，也都完成了，有机农产品、绿色食品、无公害农产品和农产品地理标志，我们都已经完成了这些程序，得到了农业部门的认定，可以说我们的产品肯

图4　萌婶五谷杂粮

定是一种放心产品。

四、向习近平总书记汇报工作

刘锦山：赵书记，咱们是党支部，不是党总支是吧？

赵会杰：从 2019 年 3 月开始升格为党总支。

刘锦山：因为村子的发展和党支部、领导班子的关系非常大。您给大家再介绍介绍，咱们小庙子村的班子、党支部这方面的建设情况。

赵会杰：咱们之前是党支部，小庙子村党支部。2018 年由于工作需要，党员数量也在增加，突破了 50 人，达到 51 人，于是根据产业发展状况，组织部批准咱们成立了党总支。

党总支下设两个党支部，一个是产业党支部，一个是综合党支部。产业党支部主要以赤峰宏都种植专业合作社为龙头，开展各项工作。其余药材这块，相对来说薄弱的这几个组，把它划归为综合党支部开展工作。这样一来可以突出特点，既有分工又有协作。比如说在党总支周围开展工作，我们党员——刚才跟您说现在有 51 名党员，24 人在产业党支部，27 人在综合党支部。我是小庙子村党总支书记，又是小庙子村产业党支部的书记。也是为了引领产业发展这样做的。我们说怎么样让党员发挥作用，实际上只是平时开两个会，也起不了大作用。我们把党员全都设岗定责，如张三这个党员，宣传能力比较强，把他放到宣传岗，李四这个党员他种地比较在行，对种地有研究，把他放到产业岗。根据各个党员的特点，让他认领自己的岗位，让他在岗位上发挥作用。我们年末根据这一年的工作情况再对党员进行星级评定，有三颗星、五颗星、七颗星、八颗星。

另外还有一个，为了增加他的责任感、使命感，除了这些正常上党课，这些"三会一课"[①]，这些正规化的流程之外，我们分配贫困户让他帮扶。帮扶不是说

---

① "三会一课"："三会一课"制度是党的组织生活的基本制度，"三会"是定期召开支部党员大会、支部委员会、党小组会，"一课"是按时上好党课。

替他种地，替他过日子，而是他过日子的时候在旁边看着、观察着，他到哪块遇到困难了你必须得上。他到贫困户家了解情况，他对帮扶的贫困户了解好情况之后，他会反馈给我们。某一贫困户遇到了哪些困难，比如说他需要资金，他想买两头牛，他现在没资金，我们就去给他申请扶贫贷款；比如说他想买两头能繁殖的母猪，我们就去农研所给他对接，把优质母猪帮他买回来。就是这种对接，让党员自己给自己加压，让他在脱贫攻坚当中有份责任感。让他知道整个村子的进步，生活水平的提高，不光是我们几个村干部的事，不光是乡镇干部的事，还有党员的事，让他的责任感增强了。

我常常跟大家说，咱们一个党员就是一面旗帜，你在家里可能是一个父亲、母亲或者是一个子女，但是走出小庙子，你就是小庙子的形象大使，你的一言一行，一举一动，要体现出小庙子的精神，身上的那份责任，不单纯的是养家糊口，还有更重要的一个政治任务，维护小庙子的责任，变成小庙子的一面旗帜。

这样一来实际上给每个党员加压，让他有荣誉感、责任感、使命感，凝聚力、向心力就形成了。说到向心力比如说我自己，自己如果做得不到位，是没底气去要求党员做到位的。我现在干工作，用如履薄冰这个成语来形容都不为过，每一步都得考虑：我做得对不对？工作有没有什么纰漏？我能不能做这件事？在党员，在群众当中立得住脚，首先把自己放在一个端端正正的位置上。当然这个过程很难，我也不是圣人，我也未必说能把每件事都做得尽善尽美，但是我用最大的毅力去控制我自己，让我自己尽量把每件事做到我能做到的最好程度，来带动、影响这个班子，来带动整个党组织。

在我们两委班子当中，我们做事是没有私弊的。我们每个人都没有独立的办公场所，我要求我们每个人必须到政务大厅去上班，所有的人都在一起给老百姓办事。没有私，没有弊。办公室装上摄像头，360度无死角。这样一来，群众来了之后，他觉得这个环境他放心，他觉得这里头非常公开、透明、阳光，杜绝了我们村干部背地里搞一些猫腻，一些让老百姓不赞成的猫腻，这样就形成了一种互相信任、互相理解的关系。其实干群关系就是靠这样来融洽的。我自己以身作则，向心力有了；所有党员的责任感、使命感增强了，凝聚力有了；我们再把国

图5 出差途中的赵会杰

家这些政策落实好，这样一来整个村风、民风、党风，全都带起来了。

刘锦山：赵书记，您是2018年当选第十三届全国人大代表，您当选人大代表以后，感觉有什么不同没有？想过没有，您作为一个基层的党支部书记，有一天能够向习近平总书记汇报工作？请您谈谈这方面的情况。

赵会杰：我有三个没想到。第一个没想到自己能当选为全国人大代表，这是万万没想到的；第二个没想到我真的有机会能向总书记汇报工作；第三个没想到是，总书记真的来到了赤峰。真的，这是我这三个万万没想到。

谈到当选为全国人大代表，为啥说没想到？首先自己觉得做得还不够，距离全国人大代表的标准还有很远。在这种情况下，当选了人大代表觉得内心有些惶恐，就不知所措，人大代表该怎么去做？我多了这么一个重要的政治职务，我将来该怎么样工作？当时确实是特别彷徨，等到真正通过人大代表的培训，通过履职，我觉得对自己的身份，又有了一个全新的定义。

共产党员发出灵魂三问：我是谁？我来自哪里？我要做什么？我也是灵魂三问：我是谁？我是人大代表。我确实是人大代表，但我更是为人民服务的基层干部。我们政府职能说由管理型到服务型，我们现在可以说不是在管老百姓，而是在服务老百姓，怎么样改进工作方法、工作作风，用更好的态度、更好的方法去服务老百姓，让老百姓对我满意，让国家的政策更好地落实下去，实际上这就是一个基层干部的主要作用。我来自哪里？我是人大代表也好，党总支书记也好，我是镇党委副书记也好，我来自人民，我是从他们当中走出来的。我不是天上掉下来的，我不是上帝派下来的、凭空冒出来的。我就是从他们当中走出来的，普普通通的一个人，只不过我很幸运，当然这当中有我的努力。到了今天我不能忘本，我是通过他们的托举，到了现在这个地位。这是第二问。第三问我要做什么？那我要做什么？我就履行好本职工作，当代表也好，当书记也好，我就要在自己的本职工作上发光发热，让更多的人追随我，去走那条富裕的道路。我觉得灵魂三问就这样。

当人大代表，我觉得其实对我的人生观和价值观影响很大，我重新审视了我自己。我觉得将来可能自己的政治任务更多一些，那我就得自己给自己加压，要比以前做得更好一些。以前可能使八分力，可能那两分力觉得还有点犹豫不决，甚至拖拖沓沓，但是现在我觉得我应该使十二分的力。现在容不得我对工作有半点马虎，容不得我有半点对老百姓不负责任。这是我当了人大代表之后，思想的一个转变。我该用我的正能量，之前我觉得我的正能量也很足，现在应该更足，原来可能我发十分光，现在发十二分。这样的话，我觉得前面的路任重道远，那么多人对我期望值那么高，自己如果不努力，就对不起大家那种渴望的眼神，他们对我期望值越高，实际上我的压力越大。但是也没办法，我刚才一开始跟您说，我已经没有退路了，我只有往前闯，不管多大的困难，只有往前闯。这就是我心态一个根本的变化。

刘锦山：您接下来再给大家谈谈，当时向习近平总书记汇报工作的激动人心的那个时刻？

赵会杰：确实是挺激动的。实际上每谈及一次，我内心可以说就澎湃一次。

真的特别澎湃！因为刚才跟你说的那三个没想到都发生了，包括在2018年3月5日下午，向总书记面对面汇报工作。其实当时我既紧张，也激动。第一次见到总书记，面对面，那么近的距离，就想流泪那种感觉。

见到总书记，我就把我们村的发展历程向总书记作了一个汇报。其实我向总书记作汇报的这个稿子是我自己写的。我当时想法非常简单，就想把我们小庙子村这些年的发展变化，向总书记作个汇报，在这个发展变化过程当中，我们基层党组织都做了啥，我作为一个村的党支部书记、基层党组织负责人都做了啥，老百姓的心气儿现在到底咋样。其实挺简单，就想让总书记知道这些，并且我觉得我的那种感情是发自肺腑的，是用一颗感恩的心在汇报的。我觉得我们这个职业的人有一个特点，既是政策的执行者，又是政策的受益者，还是政策的见证者。我就想向总书记真心实意地汇报一下，我们现在的想法，我们的实际情况。

当时，我一边汇报一边在想，总书记这么关心我们农村，这么关心我们农民，我一定要邀请他来赤峰。我其实在汇报的过程当中，就已经做了一个重大的决定。到最后了，其实都汇报完了，我有一个表态，我说："总书记您放心，我们一定用心、用情去做事，让我们的老百姓都过上好日子，早日实现富民强村梦。"实际上这个完全可以打住了，但是我激动的心，我就必须得把它说出来。最后我说："总书记，我还有个请求，如果您能到我们赤峰市看一看，能到我们小庙子村看一看，我们老百姓热烈欢迎您。"实际上我当时真的是非常激动。我后来再想，这句话如果从严格的语法意义上来说，不是一个特别特别准确的表述，但是那种激动的心情，我觉得我的心真诚就足够了。

当时那个场景，我现在回想起来仿佛就在眼前。但没有想到总书记会真的就来了赤峰。2019年的7月15日那天，当我接到去马鞍山村亲自向总书记汇报工作的这个通知的时候，我就掐了自己大腿两把，总书记真来赤峰了！

我去的时候是带了六张照片去的，把我们村的发展状况用六张照片来涵盖，然后去向总书记做了汇报。

当时我特别感动，我觉得总书记心里装着人民，从这一点我就有了深深的体会。那一刻，用所有的言语形容我当时的那种心情，我觉得都是苍白的，那种感动、激动、幸福。

刘锦山：特别幸福！

赵会杰：对，特别幸福！那几张照片，也被咱们赤峰博物馆永久收藏了。我自己也觉得很高兴。实际上我觉得在这个发展过程当中，小庙子村不是一个个例。小庙子村的发展，我自己也说，是整个我们大内蒙古发展的一个缩影。不是说在这个过程当中就小庙子进步了，而是说我们每一个村子都在往前奔。

刘锦山：对。

赵会杰：每一个基层的负责人都在领着群众往前冲。实际上我觉得我也不是个例，并不是说就赵会杰能做到这一点，而是我只是他们当中的一个代表，我有这个机会能亲自向总书记汇报工作，让总书记知道我们内蒙古的老百姓，是在党中央的领导下，实实在在用一颗感恩的心在工作、在生活。让总书记知道我们基层干部，有一颗热爱老百姓的心，我们在无怨无悔地付出，我们抛出真心换老百姓良心，去落实国家政策，去推动乡村振兴。在这个过程当中，老百姓也好，我们基层干部、党员干部也好，我觉得功臣不光是从事高端工作的、推动国家巨大进步的那些英雄模范，那些国家勋章的获得者，我觉得我们每一个人都是功臣。在内蒙古的发展过程当中，我们可能是一个小小的细胞，但是我们也是不可或缺的一小部分。我们的团结，我们的进步，我们的努力，都会促进整体欣欣向荣。在这个过程当中，我为自己这个身份，为自己的所作所为，为老百姓的所作所为感到自豪。

在当选全国人大代表之前，我曾经说过一句话，我说："咱们好好干，你们跟着我好好干，我说将来有一天，我要让你们每一个人，因你是小庙子村的一员而感到自豪。"通过这些年的努力，可能并没有达到那种高大上的效果，但是我觉得我在努力做，我觉得我已经让我们小庙子的每一个人，有了一种荣誉感，有了一种自豪感。我觉得这就是我的一种初心。我觉得在完成初心的过程当中，我也践行了自己的使命。

刘锦山：赵书记，您是什么时候被任命为大庙镇党委副书记的呢？

赵会杰：去年10月末进行的公示，11月正式进入这个班子。

刘锦山：您在镇党委班子里面，具体负责哪方面工作呢？

赵会杰：负责挺多的工作，党建、宣传、青年、妇联、统战、民族宗教，还有司法、维稳、信访，基本上党务这些活我都在负责。

刘锦山：镇党委建制是什么样的？设了哪些机构？

赵会杰：现在不是机构改革吗？以前的站所办全都取消了，合并成了一个执法大队，和一个党群服务中心，这两大职能。这两大职能又分为五个办公室，有党群服务中心、社会事务办公室等。也就是说把各种力量，各种人员综合到一起，形成一种凝聚力，能更好地开展工作，班子是这样一种状况。

五、绘就乡村发展新图景

刘锦山：赵书记，您从高中毕业，当教师，当计划生育的专职干部，当村里的党支部书记，现在是党总支书记，又担任了镇党委的副书记，多少年一直带着群众艰苦奋斗，为改善家乡的面貌做出了很大贡献，您的付出也得到了群众和党的肯定，总书记也接见您了。我想请您谈一下，咱们小庙子村今后的发展有哪些考虑？

赵会杰：现在乡村振兴正在进行时，乡村振兴第一条就是产业兴旺。产业是做一切的基础，必须物质有保障了，我们才能做其他的，比如说生态宜居，乡风文明，治理有效，生活富裕。我们的终极目标是共同富裕。在这个过程当中，首先我还是说把产业做大、做强。

产业方面，我们现在以中药材种植为主，并且延伸产业链条，这是以后一定要保持住的。然后，光有这一样产业不行，我们还得发展二产、三产。现在已经有了这个打算和已经在做的。我们又发展了1000亩的经济林果树园区，通过这1000亩的经济林园区来提升土地潜能、增加效益。另外通过整个山山水水的打造，让大家来了之后，有这么一个旅游目的地。

刘锦山：发展旅游。

赵会杰：对。我们这块有山有水。因为小庙子村真的是人杰地灵、山清水秀这么一个地方，有山有水，来了之后让大家有的吃，有的玩，有的住。我们还打造民宿，我们要依托我们的山水发展旅游，乡村旅游。

还有一个就是做一个综合性的市场。这个市场现在已经完成了前期的征地，后期的建设今年马上又要进行。依托这个市场，除了有集贸市场功能之外，我们还要把它做成一个集散地，药材和蔬菜的集散地。这样一来就形成这么一个集聚的效应，让我们这儿成为一个集散中心。除了把我们的这些中药材卖出去之外，我们更多的还要买进来进行加工，进行产品的升级。另外我们地区的蔬菜，我刚才给您介绍了，我们"三品一标"，现在已经被认定了绿色有机无公害，我们的蔬菜和中药材现在都是可以放心食用的。我们做特色的酱菜加工，今年正在筹划当中，做酱菜加工厂。刚才跟您说了，我们有两个商标。商标这块没问题，打出我们自己的商标，用我们的三品一标标志，让大家吃着放心。然后做特色酱菜。我们以前吃的锦州小菜，那是单纯地为了下饭，做一个辅助，一个刺激味蕾的下饭的食物。我们做的这个酱菜是有保健功能的，有很多中药材，比如说桔梗，比如说丹参，它是药食同源的。我们利用它这个特性，给它做成保健酱菜，吃了之后还有保健功能，这是我们一个目标。

另外刚才跟您说了我们有山有水，除了平地上流淌的河水之外，我们山上还有优质的山泉水。我们的山泉水已经化验两三次了，它的水质已经超过了矿泉水的标准，有两样指标，一个含锶，一个含锌，这两样微量元素都远远超过矿泉水标准。所以我们想把这些水给它进行加工，给它做成高端的瓶装水，这样一来可以说我们山上流的就不是水了，而是一个个的我们叫"小镏子"，流的是钱。这样一来，壮大村集体经济的同时，更多的是带动老百姓参与就业，提高收入，生活质量得到提升。也就是说，在这个过程当中，我们开发多种产业，多条腿走路，把产业发展好。

生态这块儿，我们现在推行垃圾分类和垃圾分类处理。从2018年5月开始，我们通过乡贤拉赞助的方式，每家每户都发了垃圾分类箱，又安装了垃圾分类处理中心。通过垃圾分类之后的不落地处理来实现生态文明。虽然说现在离垃圾分类那种标准还有距离，但是我们觉得这个也不是一蹴而就的事。我们每个人，从小没有接触过垃圾分类这种习惯的培养，我们也是"半路出家"，也在尝试着摸索，我们不要求老百姓一下子就能掌握这种垃圾分类，所以说一步一步地来。现在我们老百姓已经有了环保意识，我觉得这就是一种进步。生态文明这块儿，新建了垃圾填埋场，防晒、防漏、防二次污染，除渣率二百比一的比例，这样一来还提高了垃圾填埋场的使用寿命。我们又把我们村的山体进行了补植、绿化，见缝插针地绿化，推动了我们村整个环境的好转。这是一个生态文明。

我觉得乡风文明这块儿，是我们一直在注重打造的。其实老百姓的思想如果有问题的话，可能别的工作就会受阻。

刘锦山： 对。

赵会杰： 注重打造乡风文明就是每年都评"好婆婆""好儿媳""文明家庭"和"道德模范"。其实通过评选，可能奖品不多，但是让更多的人有了一个榜样，这是我们要做的。另外乡风文明这块儿，我们在之前会开展很多文体活动。比如说我们每年的秧歌大赛，正月的时候；平常的广场舞大赛，农闲的时候我们都会举办，这样一来全村的氛围特别好。如果您晚上到我们村的话，不是说关门闭户，静悄悄的。特别热闹，每个组有个小广场，大家都在广场上跳舞，那种氛围特别好。

关于乡村治理，我们现在是全国乡村治理先进村。以前做了一些工作，但是有了这个荣誉之后，我们今后的压力也会更大，我们会更努力去完善各种措施，达到一个乡村治理的那种终极的目的，让老百姓有法可依。对吧？让老百姓生活在制度的框架内，让大家都会坚守一个道德底线，不触碰法律红线，这是我们一个终极的目标。这个目标不可能说一蹴而就，但是我们会努力去做。通过乡风，通过村规民约的规范化，通过村规民约对老百姓的约束力、影响力，通过各种法律宣传的进村，我们让老百姓自己脑子里绷了一根弦，约束自己的行为。我跟我们党员说你在家怎么样，你在外面要成为一面旗帜。我跟老百姓也说，出去之后别让人家说，看小庙子人怎么样、怎么样。我说那丢的不是你自己的脸，而是大家伙的脸。这是我们一个目标和现状。

还有一个是共同富裕，其实这个富裕我觉得只有相对，没有绝对。

刘锦山：对。

赵会杰：没有绝对富裕，我们永远在路上，老百姓对幸福生活的追求一天没有止境，我们一天就不能懈怠，我们就得领着老百姓往前奔。我觉得这是一个终极目标，今后发展其实任重道远。我觉得现在乡村振兴战略这么一推广，我们是正在进行时，永远在路上，未来的路可能还有很长，我觉得我们也不能懈怠。

刘锦山：赵书记，最后一个问题问您一下，大庙是康熙赐的名，那咱这个小庙子村名怎么来的呢？

赵会杰：按理说我们是以庙为名，以庙命名。那个庙，"文革"期间被毁，历史并不远，现在有很多人都知道这个庙，只不过现在没有遗址了。当时叫川庆寺，仓津王爷娶了公主之后，建起的这个庙，有喇嘛来主持，是喇嘛庙，因为这里流行的是藏传佛教嘛。当时这个庙规模特别宏大，三进院落，里面供奉的各种雕像，还有唐卡，还有大大小小的七尊佛。最主要的是里面有公主的陪嫁品，有一部经书叫《佛顶尊胜陀罗尼经》，当时非常珍贵，"文革"期间被毁了。还有王爷的那些武器，还有他的生活用品，都在这个庙里头供奉着。当时我们这个庙是远近闻名的。更多了一层尊贵的色彩，周边的庙和它一比黯然失色。按理说所有带庙的称呼，应该我们叫大庙才对。但是因为之前，大庙这个地名是康熙御赐的。先来后到，我们也不能超过康熙最先赐的名，我们只能叫小庙子。但是小庙子人为了找这个平衡，就说出了一句话，说"大庙不大，小庙不小"。就是指无论从庙的规模还是内涵来说，别的地方的庙是无法企及的。就是这样一种情况。

刘锦山：现在大庙那个地方也没有庙了吧？

赵会杰：对，都没庙了。

刘锦山：好。赵书记，非常感谢您接受我们的采访。

徐立立

身残志坚自强路

采访时间：2020 年 4 月 26 日
初稿时间：2022 年 5 月 6 日
定稿时间：2022 年 6 月 6 日
采访地点：赤峰市图书馆"赤峰记忆"拍摄现场
版　　本：文字版

徐立立速写

　　徐立立　汉族，群众，现役国家队残疾人举重运动员。1981 年 2 月 1 日出生于内蒙古赤峰市敖汉旗下洼镇下洼村。

　　1988 年 9 月至 1993 年 7 月在下洼中心小学读书，1993 年 9 月至 1996 年 7 月在下洼镇中学读书，2002 年 9 月至 2004 年 7 月在内蒙古通辽市工业职业学校读书，2016 年 3 月至 2018 年 7 月在内蒙古广播电视大学读书。2007 年 9 月在内蒙古赤峰云铜有色金属责任有限公司所属的羊毛衫厂工作。2009 年 1 月起在国家残疾人举重基地训练，十多年时间里参加国内、国际残疾人举重比赛，相继荣获 27 枚奖牌（金牌 19 枚，银牌 5 枚，铜牌 3 枚）。并多次刷新全国纪录和打破世界纪录。2016 年 11 月获得敖汉旗三八红旗手荣誉，2016 年 9 月获得内蒙古自治区五一劳动奖章，2017 年 2 月获得"赤峰好人"荣誉，2017 年 3 月获得赤峰市三八红旗手荣誉，2017 年 3 月获得敖汉旗"巾帼榜样人物"荣誉称号，2017 年 8

月被评为赤峰市第五届道德模范，2019年5月被评为全国自强模范。

刘锦山：各位朋友，大家好！今天是2020年4月26日，赤峰市图书馆"赤峰记忆"第四期"杰出女性专题"的拍摄现场。今天我们邀请到的嘉宾是赤峰市敖汉旗的徐立立老师。徐立立老师是世界残疾人举重冠军，今天我们请徐老师分享一下她的成长经历。徐老师您好。

徐立立：您好。

一、自强不息遇伯乐

刘锦山：徐老师，非常高兴您能接受我们的采访。首先请您向大家介绍一下

图1　徐立立（左）接受"赤峰记忆"采访

您的个人经历和职业发展情况。

徐立立：大家好。我叫徐立立，1981年2月1日出生在内蒙古赤峰市敖汉旗下洼镇下洼村的一个普通农村家庭。3岁的时候，由于感冒发烧打针打到神经线上致残，在别的小朋友在外面跑跳的时候，我只能在屋里观望。站不起来就靠爬行。

转眼间到了上学的年龄，爸爸用粗糙的手给我做了一副粗糙的木头拐杖，然后我就靠木头拐杖行走。记得一开始让我练走的时候，我怎么也过不了心里这个坎。我不愿意拿这副拐杖，然后奶奶哄着我给我买鞋，让我锻炼行走去上学。开始走不好，总是摔跟头，身上摔得青一块紫一块的。我们家离学校有三里，开始奶奶不放心，她就背着我送我去上学。爸爸妈妈忙于生计，都忙着种地，顾不上我，只有奶奶背着我去上学。毕竟奶奶70多岁了，我感觉心里过意不去，觉得我是家里的负担，自己什么事都要靠着别人，后来我就锻炼自己行走。后来自己可以走了，无论是刮风、下雨，我都自己坚持着上学、放学。到了初中，我们家离学校比较远，上学、放学我也是自己行走，没让家里人接过一次。我初中是在镇里下洼镇中学上的，而且早自习和晚自习我都坚持上。

读高中的时候，因为是在木头营子了，离我们家比较远，而且那时女生住四楼，我打水、打饭不能自理，就放弃了读书。那一段时间过得特别灰暗，觉得自己好像没办法在这世界上生存。我不想给任何人增加负担。我看到父母也挺累的，家里生活条件也不好，就觉得没有生路了，有好几次想放弃自己的人生。后来通过姑姑的鼓励我重新振作起来了。她说不要自暴自弃，像我这样的残疾人也有很多自己创业的。她做生意，给我进货，让我拿着去集市上摆摊。从那以后我姑给我进货，然后我到下洼集市上去摆地摊。

摆地摊两年以后，和我对象相识了，我们就结婚了。他们家的经济条件也不好，没办法生活。他一个人打工也挣不了多少钱，我在家里地也种不了，后来我没办法，又搬回下洼镇里，在那儿租房，卖一些年货。春天买五色纸，然后刻那些挂钱，到冬天过年的时候去卖，能赚点零花钱。孩子一天比一天大了，该上学了。我赚的那点零花钱根本就不够用，就想出去打工，总想像别人一样做点力所能及的事，靠自己的双手去养家。开始的时候想去敬老院打扫卫生，后来我舅舅说你去那儿也得离开家，照顾不了孩子，倒不如去赤峰云铜有色金属责任有限公司。那时候叫金峰，金峰集团招残疾员工。他说给你问问残联，通过残联给你报个名。我舅就通过残联给我报上名。通过敖汉旗残联，把我推荐到赤峰金峰铜业公司所属的一个羊毛衫厂工作。

我一开始去的时候什么都不懂，学的时候特别着急。别人能做活了，我才开始穿套，才开始学习。我着急，因为家里的孩子、大人等着我挣钱吃饭，觉得总是学习也不行。我就拜师，让师傅教我。

刘锦山：织羊毛衫是吧？

徐立立：织羊毛衫。我站不住，做那个套口，专门缝合。张师傅对我挺好的，挺细心地去教我。羊毛衫厂都是单身的男女青年，像我带着孩子去打工的很少。因为我腿脚不好，孩子还没人带，我就努力地去学。没到一个月，我能做样衣了。在羊毛衫厂干得还不错。师傅、厂长对我都挺好。

刘锦山：在羊毛衫厂一个月能挣多少钱呢？

徐立立：那时还不到 1000 块钱。

刘锦山：也是计件是吗？

徐立立：计件。

刘锦山：您说带着孩子去打工，那孩子是怎么带的？

徐立立：我把孩子放在托班。孩子在那儿上学前班，一个月给他交几百块钱，托班老师帮着接送。孩子在那儿住，我一周或者是一个月去看孩子一次，缺什么东西给孩子买点送去。孩子放假了，我把他接到车间，我做活他就在边上玩。

2008 年 11 月，也是一个偶然的机会，国家队的主教练去选队员，希望我跟他去练举重。我当时放不下孩子，那时候心里特别纠结。我想陪在孩子身边，看着孩子的成长过程，虽然苦一点、累一点。我们教练说得也有理，你总过这种生活，一个月挣几百块钱，生活根本就不够用，每个月都得借钱花，一发工资给孩子交完托管费、学费已经没有了，生活特别拮据。后来我也是抱着试试看的心理去找教练，跟着教练练举重去了。

刘锦山：教练叫什么名字？

徐立立：教练叫李伟朴。

刘锦山：他是两次请您过去？

徐立立：第一次是2008年11月，他去选队员的时候。他让我去跟他练举重。当时纠结就是孩子放不下，想留在孩子身边，再说练举重是需要很大力气的。我跟教练就说了。我说我是剖腹产，这有孩子了，力量肯定是和人家没有结过婚的人不一样。教练说没事。他跟我们厂长和领导说让我跟他去训练。我说这家里有孩子，没有生活来源。后来教练又找赤峰市残联，跟我们领导协商给我保留着工资、保留工职，让我带着工资去训练。他们协商好两个月以后，通过赤峰市残联和我们领导做工作，我才去找教练练举重。

刘锦山：教练是怎么看上您可以做举重训练，做举重运动员呢？

徐立立：当时我在车间做完一笔活，交完活以后我在那儿坐着呢。然后教练进屋一看，所有的员工都在那儿聚精会神地做活呢，唯独我没做活，他就把我叫出去了。他说别人都在做活，你咋没领活呢？我说我把活交上去了。当时全是黑色活——就是深色的毛衣，深色的毛衣做起来慢。那不是计件挣钱吗？我也想做浅色的，多做几件，为了挣钱。但是浅色的都被别人领没了，就剩深色的了。当时心情挺不愉快的，我就没领。教练看着我说，这个女孩儿有深色活都不领，挺有个性的。他说你出来试一下。我以为是领导去检查的，不知道是教练下去选队员。他把我叫到前面去了，他说你的胳膊能拎动多沉的东西。我说我在家生活的时候拎一袋米、一袋面是没问题的，那时是50斤。他让我把拐杖拿起来举一下，试一下。他伸了一个大拇指，觉得可以。

他就把我带到厂长办公室，教我去做俯卧撑，躺在那个案板上，用拐杖模仿杠铃去举重。当时他说，听到我往上伸举的时候，胳膊的肌肉发出咯吱咯吱的响声。他说肌肉类型比较不错，他当时就说我一定要把你带走。我说你要把我带哪儿去啊？当时不懂。他说去训练当运动员。我说不行，孩子在这儿上学呢，我哪儿都不能去。他就说我帮你安排，你把孩子送回老家吧。我说老家父母年龄都大了，我们家的还经常出去打工，也不在家。后来他说你想办法把孩子送回老家，你一定要跟我走。我当时没答应，没说走，也没说不走。他们到中午的时候就去吃饭了，把这件事就撂下了。后来教练通过赤峰市残联，找我们金峰集团的领导，给我保留工职。他说我先去跟他练，如果不行，不适合的话，再让我回单位去上班。别一下子把我的工作关系解除了，给我保留着工作关系，让我带薪去训练。说练半年，如果适合你再练，不适合你就回来上班。我心里有底了，我便答应和教练去训练举重。

等到 2009 年 1 月 5 日的时候，我买了车票去天津找教练。那时候国家队的集训基地在天津。我也是抱着一种试试看的心理去，因为在羊毛衫厂一个月只有 1000 块钱左右，我们娘俩的生活根本就供不上。尤其是孩子生病住院了，可能就花费我好几个月的工资，接济不上。我就是抱着一种试试看的心理去的，我总想试一试。如果不行咱再回来，如果可以咱就在那儿继续干。

我一开始练的时候特别头疼。因为我年龄也大，基础动作还不好，把我们教练愁的，也是从零开始。刚刚在羊毛衫厂做熟了，这个工作刚刚熟悉了，然后又换了一种生活方式，你还得去适应，从零开始学习。摸杠铃的那种感觉和做衣服的感觉完全是不一样的。当时在那儿，杠铃我也不会抓、也不会举，空杆的时候都歪歪扭扭地去举。当时教练挺着急的。我也特别着急，我并不是天生特别聪明就适合练举重的。我想既然出来了，我没有退路。因为我要养家，为了挣钱养家，我觉得自己必须付出得比别人多一点，要吃常人没有尝试的苦。

二、双手擎举十年路

刘锦山：徐老师，您在的举重队是一个什么样的情况，不是专业的举重，是业余队？

徐立立：对，那时是省队。内蒙古有 16 名队员在天津国家队的基地训练。

刘锦山：训练？

徐立立：我们教练是国家队的主教练，他同时也带省队，我们一开始进队的

图2 徐立立在做俯卧撑

图3 训练中的徐立立

时候属于省队。

刘锦山：有什么样的待遇呢？进入这个队。

徐立立：刚开始进队的时候什么待遇都没有，只是管吃管住。

刘锦山：没有工资？

徐立立：没有。只是管吃管住。好好努力训练，拿成绩了你会拿到奖金，可以给孩子更好的生活。当时我就特别努力，别人训练完了出去玩、看电视，我通过我们的小队长拿钥匙，我自己去训练房，自己去找动作感觉，自己去摸索。为什么别人能做到自己就做不到呢？我也不比别人笨。只是年龄大了，接触这个东西晚一点，我自己去努力训练，去找这个动作感觉。

练了6个月，在2009年6月呼和浩特举办的全国残疾人举重锦标赛上，我拿了一个第三名，获得一枚铜牌。当时挺不满意的，我平时训练的时候举出来的水平，和比赛的水平完全不符，折扣打得挺大的。我因为出生在农村，与外界也没太多的接触，比较内向，而且心理素质不太好，紧张了。紧张，比赛的时候特别紧张，临场发挥得不是很好。我对自己也是特别失望。虽然教练没说什么。就几个月的时间拿块铜牌，在别人看来已经挺满足的了。但是我感觉特别沮丧，下了台我就流泪了。我们教练没说我什么，我就觉得这个失败是不应该的。因为我平时训练都能举出比这更好的成绩。我就总结问题，是心慌、紧张，举的动作没停顿，是手有问题啊，这些细节问题没注意，被判失败了。后来我对自己有点灰心了，我这么努力，虽然训练水平提高了，但是比赛的时候还拿不出来真正的实力。我就觉得我不适合练举重。我们教练说："你有强大的力量，你好好努力，找好动作感觉，你可以。"

第一次比完赛以后，我们那16个队员基本上精简了一半。我以为我被精简掉了，肯定不适合，然后回去上班。我们教练后来说你继续留在队里好好训练，他说："你很有发展潜力，你跟着我好好训练，你的成绩肯定会有突破。"那时挺拮据的，我在外面训练，因为不拿工资。单位开的工资要扣一部分保险，孩子基本上不够花。我也特别着急，因为练的时间短，又不能打大比赛，又赚不到奖金。那时特别迷茫，什么时候能参加大比赛？能赚到钱？能改善一下家里的生活状态？

2010年的时候，全国残疾人举重锦标赛在北京举办。那时我打75公斤级，拿金牌了。举了100多公斤，获得一枚金牌。拿全国锦标赛的金牌，就有资格参加世锦赛和亚运会之类的。2010年5月参加全国残疾人举重锦标赛拿了金牌，同年7月去马来西亚，那是第一次出国。第一次出国还是挺高兴的。但是和国际强手来比，那时成绩是不行的。比完赛以后我拿了一个第五名。虽然说是第五，没拿到好的成绩，但是那一次比赛每一次试举都成功了，我感觉也挺满意的。那一年发生了很多事，自己遇到点小坎坷，比赛之前的事对我打击挺大的，没想到我三次比赛都成功了。我从心理上感觉挺安慰的，觉得自己没有做不到的事情，只要我努力我一定能做得更好一点。2011年是全国残疾人运动会，在浙江杭州。我那时候在67公斤级，获得一枚铜牌。以前在75公斤级。这次比赛又降级别了，降体重、降级别，对比赛成绩也是有很大的影响。全国残疾人运动会是咱们国内的大比赛了，能参加四年一届的全国残疾人运动会我感觉还挺高兴。虽然说拿的成绩不是很理想，但是那时候我的训练水平就在那儿，把训练的水平都发挥出来了，还是比较满意的，没有失败过。

就第一次比赛失败对我打击挺大的，那时候心理素质不好。后来我们教练想尽一切办法锻炼我的心理素质，觉得我是农村孩子，比较内敛。他专门给我开记者招待会，都是队员和教练之间的，他们有问必答，像记者采访那种问答的。或者是在业余时间让我读报纸，当着大家的面，当着所有运动员的面，让我读报纸。在那儿训练心理压力也挺大的，然后他就带我每天清晨去操场大喊，释放一下心理压力，跟队员沟通得融洽一点，给我们做答记者问，大家都在一起。从那以后把我锻炼得跟大家说话不害羞了。我以前一说话就害羞，特别自卑，觉得自己什么都不如人家。在队里，我们教练看见我这样，他没少下苦功夫来培养我，后来一点点地放开了，不只在队里，在赛场上我也放开了，像对待一场训练一样，不紧张了。以后比赛一次比一次发挥得更好。

2011年比完全国残疾人运动会以后，我们内蒙古队就解散了。2012年是奥运会年，我的成绩不行，没有排名，参加不了奥运会。我们这些省队的运动员已经解散了，那一段时间没练，就在家里了。后来我们教练给我打电话，他说我去带国家队，你们自己找地方坚持训练，不要灰心。后来我们自己找健身房，我们几个人在一起训练。

到2013年底的时候，教练又把我们带回天津。2013年的比赛没让我们参加。那一年限制年龄，30岁以下的可以参加，30岁以上的不让比赛了。那时就觉得这样坚持没有意义了，在这条路上已经无法再走下去了。成绩练得再好，超龄不让比赛也没用啊。别人去比赛，把我们卡回家的时候我特别难受。其实我也不是不努力，努力了，成绩上来了不让你参赛。可以说没有比这更大的打击了。我很珍惜每一次比赛。我练了十年没有一节课缺席过，不管是受伤也好，身体不舒服也好，我都坚持训练，没落下过一节课。那一次回家就感觉挺难受的。后来我们教练一直鼓励我年龄不可能总限制，他说我有水平在，是金子总会发光。他总鼓励我让我坚持。没有我们教练的鼓励，我真的没有信心坚持到现在。我们教练总鼓励我，他说我的成绩都已经上来了，已经看到曙光了，再坚持一下。

2014年，湖南株洲的全国残疾人举重锦标赛能让我参加了。那时候我在女子73公斤级，获得了一枚金牌。这一年就一次比赛。2015年是全国残疾人运动会，这是又一个四年了，在四川大英又参加一次全国第九届残疾人运动会。每一个人有三次试举机会，破纪录给你四次机会。一开始的时候教练就给我要世界纪录，就是破纪录的成绩去比赛。当时我心理压力挺大的，开始破纪录判罚特别严，怕第一把失败以后然后都砸锅了，让这四年一届的大比赛没有成绩，真的接受不了。后来教练总是鼓励我，他说相信你自己，你平时训练的成绩远远超过这个。

从130.5公斤开的，第一次试举成功了。然后就要132公斤，这次试举失败了，那是两臂伸得不平均，自己没感觉到，没太注意这个细节问题。第三次还是试举132公斤，这次试举成功了，直接要第四次破世界纪录试举，杠铃重量加到134公斤，第四次试举成功了，心情特别高兴。当时的世界纪录是129公斤，在这次比赛中自己以超过世界纪录5公斤的成绩获得冠军，荣获一枚金牌，特别有成就感。这几年的辛苦付出终于有了回报。

在2015年全国残疾人运动会上打破世界纪录以后，以后的比赛都挺顺的。2015年8月在哈萨克斯坦举办的残疾人举重亚洲锦标赛及世界公开赛中，我获得了一枚金牌。世界公开赛我获得一枚银牌。2016年在马来西亚举办的残疾人举重世界杯比赛中获得一枚金牌。这是参加奥运会的最后一次排名赛，拿到了参加残奥会的入场券。有机会去参加奥运会了，2016年在巴西里约第一次参加奥运会。那时有希望争夺这块金牌，但是我毕竟是新队员，跟那些老将、强手相比，心理素质也是弱了一点。在国际比赛这种场合，裁判判罚尺度比较严，输给冠军1公斤，获得一枚银牌。一年后，2017年在参加墨西哥世锦赛的时候，还

图4 2017年，徐立立参加墨西哥举办的世界残疾人举重锦标赛的代表证和获得的金牌

图5 参加完雅加达第三届亚洲残疾人运动会回国后的徐立立

是我和上次的对手竞争这块金牌。2017年世锦赛我就超她7公斤的成绩，夺了世锦赛的金牌，打破世界纪录了。2018年日本北九州残奥举重亚锦赛我举了139公斤，获得两枚金牌。2018年10月在印尼雅加达举办的第三届亚洲残疾人运动会中获得一枚金牌，两次打破世界纪录。

再就是2019年的5月，又一届全国残疾人运动会。5月18日开始比赛，5月16日在北京人民大会堂，有一个全国自强模范表彰大会。当时我们省队又有了新教练了，领导、教练都不太同意我去参加这个表彰大会，怕影响比赛。16日表彰大会，18日就开始比赛了。当时我也试过请假，可不可以不去？我比较看重这个比赛。我们领导说全国自强模范是习近平总书记亲自接见，你必须得去，不允许请假。我一听不允许请假，那就去吧。虽然累，咱好好休息，在国内比赛，因为我的实力也在这儿，好好发挥。比赛虽然很重要，但是这个表彰大会对我来说也是人生第一次，我感觉也挺重要的。她们去天津比赛，我自己坐着火车去北京参加这个表彰大会。16日上午参加完表彰大会，下午他们有活动我就没参加。参加完表彰大会，我就返回天津去训练了。那是赛前最后一节训练课，到了天津我直接进了赛场，18日就开始比赛了。我比赛的时候发挥得还不错。因为刚得到表彰，心里感觉挺高兴的，一点也没有影响我的比赛。四次试举四次都成功，还两次刷新世界纪录，刷新我自己的世界纪录。拿的成绩还蛮不错的，是训练期间有史以来最高兴的一年，最有成就感的一年。2019年是我最有成就感、收获满满的一年。到2019年的时候我从事残疾人举重已经整整十年的时间。

图6 2019年，徐立立在天津参加第十届全国残疾人运动会暨第七届特殊奥林匹克运动会获女子举重79公斤级第一名

图7 2019年，全国第十届残疾人运动会暨第七届特殊奥林匹克运动会女子举重79公斤级第一名获奖证书

图8 2019年，徐立立获第十届全国残疾人运动会暨第七届特殊奥林匹克运动会女子举重79公斤级第一名奖牌

图9 2019年，徐立立在第十届全国残疾人运动会暨第七届特殊奥林匹克运动会获体育道德风尚奖

三、初心未改尤铿锵

刘锦山：徐老师，您这么多年训练、参赛，孩子是谁帮您带呢？当时您离开那个羊毛衫厂以后，孩子是怎么安排的呢？

徐立立：一开始我把孩子送到敖汉育才学校，这是一个封闭式学校，一个学期孩子能回家一次。那时学校老师帮我看管。到初中的时候就转回我们镇上，在我娘家那儿，我妈帮我看着。在育才读书的时候，一学期回家一次，放假他回我婆婆那儿，也回我妈那儿，两地生活。到初中的时候我儿子就跟着我娘家，我妈她们自己买房了，有家了，于是就在我妈那儿生活了。

刘锦山：现在孩子有多大了？

徐立立：今年孩子 20 岁了。

刘锦山：20 岁是上高中？

徐立立：上高中，在高三呢。

刘锦山：是不是今年就高考了？

徐立立：对。今年就高考了。

图 10　徐立立（左）与父母亲

图 11　徐立立与儿子

刘锦山：刚才您介绍了十年来，尤其是后面这几年参加了好多比赛，也获得了好多奖牌。我想了解一下，按照咱们国家的规定，什么样的比赛得奖可以有奖金？奖金的额度有多大？能不能给大家介绍一下。

徐立立：咱国内的全国残疾人运动会有奖金，全国残疾人运动会的一块金牌是 50 万元。世锦赛有奖金，亚运会也有，但是没有全国残疾人运动会和世锦赛高。再就是残奥会有奖金，残奥会获得金牌的奖金是 100 万元。

刘锦山：银牌呢？

徐立立：银牌的奖金是 60 万元。

刘锦山：铜牌呢？

徐立立：铜牌的奖金是 40 万元。

刘锦山：您是得了 2016 年残奥会的？

徐立立：身残志坚自强路

徐立立：2016年里约热内卢残奥会银牌。

刘锦山：有的比赛都是四年一次。

徐立立：这都是四年一次的。

刘锦山：所以付出了很艰苦的努力，如果能得到冠军，得一些奖金，平均下来钱也不是太多。

徐立立：平均下来不是太多。但是对我来说，靠我自己的双手去赚这些奖金，改善一下家里的生活，我感觉还是蛮欣慰的。当然付出的努力也很多，有舍有得。像我们孩子的成长过程，这十年当中我没看到。我一直在队里生活，在队里训练，没管过孩子，没管过老人，这些我感觉是我亏欠他们的。虽然说给他们的经济方面改善了，但是从感情来说我挺亏欠的。

刘锦山：那您爱人现在做什么工作？还是在村里吗？

徐立立：我爱人打工。他原来在建筑队打工，哪儿有零活上哪儿去，做零工。

刘锦山：您从事举重有十年。

徐立立：十年。

刘锦山：中间有什么比较难忘的？您刚才讲了有一年国家规定说，超龄就不能参赛了，受的打击比较大一点。这中间还有一些什么比较难忘的事情，再跟大家说一说。

徐立立：比较难忘的就是比赛肯定会遇到一些不公平。2016年虽然说是我第一次参加奥运会，但是这一年给我的打击挺大的。我全心全意地去训练，奔金牌去的，举出来了这个成绩，但是被判罚得很不理想，与金牌失之交臂，对我打击真的挺大。

我第一次开把是135公斤，也不知道为什么，就被判了两盏红灯。这两盏红灯算是失败动作，但是第二次试举成功了。尼日利亚的运动员翻盘压我1公斤了，她举136公斤，我举135公斤。我第三把举140公斤。其实那个动作是成功动作，到现在录像我还留着呢。动作肯定有瑕疵，在裁判眼里还是有瑕疵。但是我觉得我做得已经到位了，发挥得已经淋漓尽致了。我平时训练的时候也就举

140公斤多一点，但是141公斤已经不是成功动作。这个140公斤在比赛发挥得比平时训练还要好。当时我们教练去找国际举联的时候，国际举联裁判判罚的时候没找出问题来。后来国际举联主席就说你的绑带绑得往下了。说我腿上的绑带绑得往下了，这是找出的问题之一。当时我们教练说这已经判罚了，你也没办法了，只能认了。

从那以后就觉得，虽然付出的努力很多，我已经尽力了，但是还会有这种感觉，觉得在这条路上走得不是很顺。我觉得命运并不是掌握在自己手里，再有成绩，再有实力，但是判罚尺度是掌握在裁判手里的。

刘锦山：对。

徐立立：那时候我就有点灰心。2016年以后，我们那个老教练，就是国家队的主教练已经退了。他退了我也想退，不想再干了，不想继续在这条路上走。

后来2017年的时候，有个全国锦标赛，我们内蒙古领导给我打电话，说给你报名了。我说我都没训练，没训练咋比赛。我们领导说你有底子，直接参加比赛去吧。我一天没回去训练，在我们敖汉找个健身房活动了几节课，直接就去比赛了。那时候举了126公斤，在这个级别也是拿了金牌。国家队集训的时候就让我回国家队集训了，集训参加墨西哥世锦赛。墨西哥世锦赛之前，在江西跟着河北队的孙教练训练。我那一段时间成绩恢复得还蛮快的，在墨西哥世锦赛的时候我拿了金牌，打破了世界纪录。有这个成绩，虽然没好好练，感觉这个成绩还在，感觉自己举重这个事业还有点希望。重整旗鼓开始回队训练，就没想着说不干了、彻底放下了。其实说放下，我心里也有点割舍不下。毕竟这么多年了，对杠铃、对集体生活也是有感情的。因为我跟教练、队友之间处得都非常融洽，他们都挺尊重我，对我也挺好，也舍不得离开他们。后来又回去训练一直到现在。

刘锦山：您能给介绍一下咱们平时训练，运动员这一天的时间是怎么安排的？教练怎么给你安排？

徐立立：我们一开始在天津训练的时候，是上午、下午、晚上都有训练的。

刘锦山：早上几点起床呢？

徐立立：早上6点多起床，7点半吃饭，吃完饭8点多开始训练。因为那时候训练人多，分好几个组。就是别人训练的时候，我们是刚开始的，别人训练的时候我们去看、去学习，学习训练的课程，学习他们的技术动作，也去观看。我们没有训练的时候就去看别人训练，我们有训练的时候，上下午这一天都有训练。业余时间也有学习的时候。一开始我们进队学英语、看书，有图书室，业余生活也很充足。

刘锦山：周六日呢？

徐立立：周六、周日也训练。我们不分周六、周日，没有年节，每天都有训练。像我们大课的时候，是休一天上一节大课，休一天一上。休息这一天去看别人训练。

刘锦山：那饮食方面是怎么安排的呢？

徐立立：饮食方面是餐厅搭配的营养餐。根据运动员需求，肉、鱼都有，饮食上餐厅配什么我们吃什么。平时吃一些营养品，营养品都是我们教练帮着买的。上的强度大了，然后吃点蛋白粉、固体饮料。我们教练懂，看每一个人的消除疲劳期吃什么东西。

刘锦山：内蒙古自治区省队平时运动员加上教练员，工作人员有多少人呢？就是女子残疾人举重这一块。

徐立立：我们一开始进队的时候就一个教练员，16名运动员是10个男的，6个女的。

刘锦山：生活就是训练基地那块儿管？

徐立立：训练基地管。

刘锦山：那是不归省队的，归当地基地的？

徐立立：对，归当地的。在哪儿训练哪儿的训练基地管。

刘锦山：现在内蒙古这个队有多少人？

徐立立：内蒙古基地现在在训的是6个人，内蒙古能坚持比赛的就6个人。

刘锦山：人比以前少了。

徐立立：感觉在这条路上走不出来。因为我们这四年一届的大比赛才能赚到点奖金。这四年当中她们成绩不好，赚不到钱的，她们就改行了。

刘锦山：那每年还是要选拔一些新人进来。

徐立立：最近这几年没选。去年选了几个，去年选了三个新人。现在老队员就剩我们三个。

刘锦山：2019年后边那半年您是在国外是吧？参加比赛还是？

徐立立：2019年年底在北京和江西集训，2019年7月我在哈萨克斯坦参加世锦赛，9月就开始国家队集训，一直在外面。在国家队集训的时候是封闭式管理，疫情期间也不让我们出行，我们也不能回家。疫情解禁了以后我们才回来。

刘锦山：现在是在敖汉那个家里面待着？

徐立立：对，在敖汉家里。

刘锦山：正好能在家里待一段时间了。

徐立立：对。趁着这个疫情在家里陪陪孩子，陪陪爸妈，多待一段时间。

四、载誉向前竞风采

刘锦山：徐老师，这十多年来您获得的奖牌也很多。您有统计吗？获得了多少枚奖牌呢？

徐立立：这几年我拿了12块金牌，5块银牌，3块铜牌。这十年当中共获得了20块奖牌。还拿了一个残疾人举重世锦赛第五名的成绩。

刘锦山：那收获非常大的。

徐立立：对，我也挺知足的。虽然说金银铜牌都有，但是我每一次比赛都很认真，都认真去对待，把每一次比赛、训练都看得很重，从来没有缺席过训练，从来没有不认真对待过训练。我很执着，做什么事我一定要把它做好。在我生活最沮丧的时候我就发誓，要么好好活着，要么就去死。

刘锦山：您这十年来取得这样的成就，真是大家的楷模。这十多年领导接见您或者是表彰，这方面的情况肯定不少，您把这方面的情况再介绍一下。

徐立立：我印象最深的就是我获得了全国自强模范，在人民大会堂被习近平总书记接见的那一次。那时候内蒙古自治区的领导、内蒙古残联的理事长，亲自带着我们去北京，然后在那儿陪我们开会。我感觉挺自豪，挺高兴的。因为我作为一个残疾人，以前一直很自卑，现在经历了这么多，我的人生终于能看到点希望了，不像以前那么灰暗了。

刘锦山：那天习近平总书记接见大家的情景，您能给介绍一下吗？那天具体的活动，怎么安排的？

徐立立：当时的活动是两天。我为了参加比赛，5月16日上午到人民大会堂，只参加了表彰大会。开完表彰大会以后，在人民大会堂北大厅等待习近平总书记和中央领导的接见，一一握手后我们一起合影。这一段时间心情特别激动，下午我回天津去训练和比赛了。下午的那些活动我就没有参加，我只参加了上午的，开这个表彰大会和合影。

刘锦山：内蒙古去了几位代表参加这个表彰会呢？

徐立立：内蒙古去了三位全国自强模范。

刘锦山：其他两位是做什么工作的呢？

徐立立：有一个残疾人，他自己有一个小厂做轮椅，还有一个自强模范是通辽的，盲人按摩院的院长，叫田野。

刘锦山：除了这次，自治区或者是市里面有表彰会吗？

徐立立：我们参加完全国比赛以后，自治区给我们也开了一次表彰大会。布小林主席亲自接见我们。

刘锦山：您未来有什么考虑呢？

徐立立：我感觉我的身体还能再坚持打一届残奥会。巴西里约热内卢这届残奥会的成绩不是很理想，尽我自己的最大努力再参加一次残奥会，如果能画上圆满的句号是更好了。

刘锦山：如果不是新冠疫情的话，残奥会今年就可以参加了。

徐立立：对。

刘锦山：结果推到明年，明年还不一定什么时候开。

徐立立：只要继续比赛我就会继续努力，还会像以前一样看待这个比赛。我不会不用心地去训练。我这个人就是执着,做什么事就想把它做得更好一点,如果不做就不做了,要是做的话就把它做到最好。①

刘锦山:假如说又打了一届奥运会,您退役以后有什么打算?这个考虑过没有。

徐立立:我想退役以后报读北京体育大学。在训练期间大专毕业证书我拿到了,已经学完了。大专是读的内蒙古广播电视大学,我想再报读一个北京体育大学本科。我没上过大学,始终是我一辈子的遗憾。我想把大学读完了,我人生就没有遗憾了。

刘锦山:您读完大学也可以把自己的经历写出来,或者指导别人做这方面的训练。

徐立立:也可以的。我能给我的人生、我的理想画上一个圆满的句号,我的一生没有遗憾了。以后找工作就随遇而安吧。

刘锦山:徐老师,您给大家展示一下您获得的奖牌吧。

徐立立:好的。

刘锦山:这是?

徐立立:2019年的,2019年天津全国残疾人运动会的金牌。这个是墨西哥世锦赛的金牌。

刘锦山:这一大兜子,总共是20枚。

徐立立:20枚奖牌。

刘锦山:我看还有奖状。

徐立立:还有奖状。这个是马来西亚世界杯的金牌,这个是雅加达亚洲残疾人运动会的金牌。

刘锦山:亚洲残疾人运动会的金牌。

徐立立:这些金牌都是破纪录的。这个是全国自强模范奖牌。

刘锦山:这是国家级的荣誉。这好多荣誉、奖牌,我们第一次近距离看这些

---

① 2021年8月29日,徐立立在东京残奥会获女子73公斤级举重银牌。

奖牌。这是最高的一个荣誉了，到目前为止。

徐立立：对，这是残疾人当中的最高荣誉了。

刘锦山：还获了内蒙古自治区五一劳动奖章。

徐立立：这是在日本北九州的亚锦赛，举139公斤第一名的奖章。这是在雅加达亚运会的比赛证书。这是2015年全国残疾人运动会的。这是2016年世界杯的。这是2017年世锦赛的金牌、证书。

徐立立：还有一个道德风尚奖呢。这是去年天津的全国残疾人运动会的奖。

刘锦山：就是您参加完习近平总书记接见以后。

徐立立：这是这次比赛，两次打破世界纪录的获奖证书，2018年全国锦标赛的。

刘锦山：好的。徐老师，谢谢您接受我们的采访，谢谢！

徐立立：谢谢！

王欣会

大爱无疆暖人间

采访时间：2020 年 7 月 3 日
初稿时间：2022 年 5 月 10 日
定稿时间：2022 年 6 月 10 日
采访地点：赤峰市图书馆"赤峰记忆"拍摄现场
版　　本：文字版

王欣会速写

王欣会　赤峰星之路孤独症儿童康复中心主任，1982 年 4 月出生，汉族，研究生学历。第十三届全国人大代表，第十三次妇女代表大会代表，赤峰市政协常委、中国精协孤独症委员会副秘书长，内蒙古自治区新的社会阶层人士联谊会副会长，国家二级心理咨询师，国家高级语言治疗师，人力资源管理师（高级），赤峰市助残先进个人，赤峰市劳动模范，获自治区五一劳动奖章，自治区"最美职工"。2018 年 4 月到中央统战部参加第 14 期培训班，表现突出，得到了中央统战部领导表彰。

1998 年至 2001 年在内蒙古民族幼儿师范高等专科学校学习；2001 年至 2002 年进修中国政法大学法律本科学历；2004 年创办赤峰唯一一家儿童潜能开发教育中心——赤峰维思德潜能开发教育中心，并任校长，2009 年更名为赤峰星之路孤独症儿童康复中心；2005 年到 2007 年脱产就读于赤峰学院英语专业；2016 年加入中国民主同盟；2016年5月至今担任赤峰市民盟松山支部组织委员、民盟中央委员，自治区民盟专门委员会教育委员会委员；2016年推进成立民盟松山支部"星儿爱心图书室"，解决了自闭症儿童书籍稀缺、看书难的问题，并提交《关于完善自闭症患者专项扶助政策》的提案，被自治区民盟评为优秀提案，并写入第九辑《议政建言汇编》；2016年被民盟市委评为"参政议政先进个人"。

在本职工作岗位上，一直秉承拼搏、进取、热爱、奉献的坚定精神，认真研究和学习业务技术，提高自己及团队的教育水平，带领团队完成各项工作。2009年，星之路自闭症儿童康复中心被市残联评为残疾人定点康复机构，同时为6名贫困自闭症儿童申请到了国家补助，解决了贫困儿童没有机会训练的问题。2010年，王欣会开始带领老师们做公益的倡导活动，当时参加的只有20余人，2011年几经努力争取到与深圳壹基金合作，在赤峰开展"海洋天堂"计划，救助10名贫困自闭症儿童，2012年于世界第四个自闭症日发起大型的儿童关爱活动——壹基金蓝色行动。5年间在社会各界志愿者的支持下，在市委统战部的协调帮助下，2017年4月世界第十个自闭症日的社会倡导活动——蓝色行动中，现场参与的人数为11000余人，直接受益家庭207户，志愿者人数达4700余人，让自闭症儿童在社会中真正地得到了关注，为他们能走向社会打下了基础。

近十年来，中心共服务自闭症患儿1380多人次，承接"中残联七彩梦行动计划"和"自治区抢救性康复项目"，共为540名符合救助条件的自闭症儿童提供免费康复服务。王欣会个人持续救助贫困自闭症儿童12人。

多年来，赤峰星之路自闭症儿童康复中心还与深圳壹基金、中华儿慈会、联合国儿童基金会合作，为全市240个家庭提供免费的家庭支援服务和家长培训。2014年取得中残联"自闭症行业自强自律达标机构"，2016年被中残联和教育部评为"全国残疾人康复人才培养试点单位"。2016年6月，王欣会受邀作为联合国儿童基金举办的"中国残障与可持续发展论坛"特约嘉宾，参与和讨论中国残障儿童融合发展。

刘锦山：各位朋友，大家好！今天是 2020 年 7 月 3 日，这里是赤峰市图书馆"赤峰记忆"第四期"杰出女性专题"拍摄现场。今天我们邀请到的嘉宾是第十三届全国人大代表、赤峰市星之路自闭症儿童康复中心王欣会校长。王校长您好。

王欣会：您好。

刘锦山：非常高兴您能接受我们的采访。

王欣会：很荣幸。

一、用爱点亮"星之路"

刘锦山：王校长，首先请您向大家谈谈，您的个人情况和工作经历。

图 1　王欣会（左）接受"赤峰记忆"采访

图2 王欣会（右）与弟弟合影

王欣会：好。我是1982年4月出生在赤峰市林西县五十家子镇。在我们镇上读了小学和初中，接下来读了赤峰市的内蒙古民族幼儿师范高等专科学校。我是学学前教育的，因为后来特殊的原因转入到特殊教育领域。因为当时我们这样一个教育结构，等于是从学院毕业，毕业之后专门从事教育工作。2004年的时候我创办了赤峰市第一家以早教中心为主的学校，在2005年接收了第一个自闭症孩子。那个时候对自闭症还是很陌生的。2009年开始，我们已经完全由一所幼儿园，转变为一所专门接收自闭症儿童训练的康复学校了，也就是说我们是赤峰第一家自闭症儿童康复学校。

我本人也是一直在教育一线工作。2016年的时候我加入了民盟组织，现在我也是民盟中央青年工作委员会的一员。这也是我的一个初心。我在这个教育领域中，到现在已经有十五六年了。这十五六年中我帮助了近千名的自闭症儿童，同时也帮助了200多个自闭症儿童家庭。他们家庭的经济条件不太好，对他们来讲康复训练的费用有很大的压力。也是因为这些，自己荣获了很多的奖项和荣誉。我是2019年度的赤峰市劳动模范，是全市助残先进个人。我们团体是全市助残先进集体。我自己在2018年的时候，很荣幸当选为第十三届全国人大代表。我觉得这些都是对我的激励。包括我的几次提案，在民盟中我也是获得了"先进优秀提案获得者"等这样的荣誉称号。

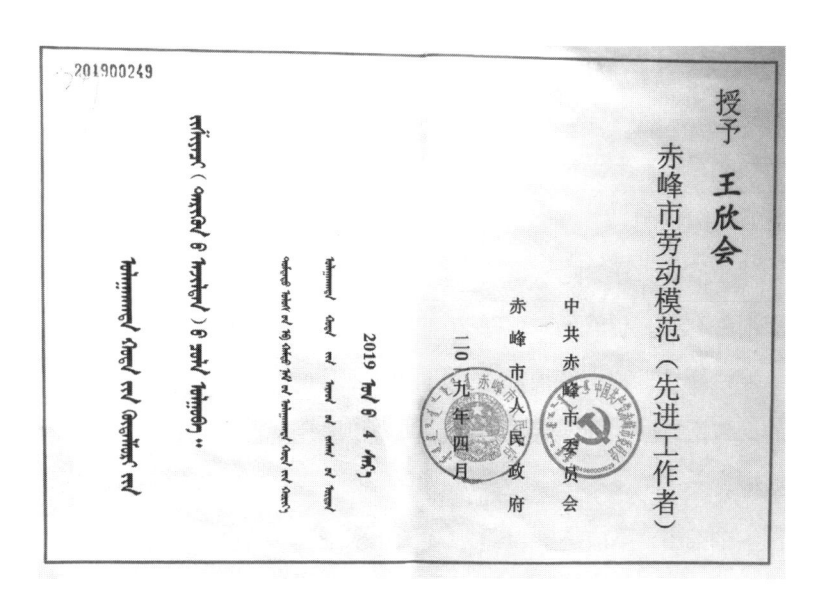

图3　2019年4月，王欣会被评为赤峰市劳动模范

图4　2019年5月，王欣会被赤峰市残疾人工作委员会评为助残先进个人

王欣会：大爱无疆暖人间

二、儿童自闭症诊疗现状

刘锦山：王校长，接下来我想请您给大家介绍一下，咱们国家自闭症儿童康复方面的情况。

王欣会：好。儿童自闭症在我们国家是在20世纪80年代的时候才被纳入医疗视线内的。也就是说，在20世纪80年代之前，我们国家的医疗部门是没有自闭症诊断这一科室的，20世纪80年代之后才有。也是在先进国家的推动下出现的，包括诊断、临床等，但是目前为止，儿童自闭症的起因，还没有一个明确的结论。

刘锦山：不清楚。

王欣会：对，不清楚，不清晰，但是被认为遗传的因素要多一些，生物的因素也要占一些。这是在2016年一些科研组织对这个课题的研究得出的一个结论，就是遗传因素占主要因素，生物因素也占了一部分。

目前，有专家说儿童自闭症的发病率能达到1%，也就是说，每100个新生儿里，可能就会有一个自闭症谱系的孩子，不过程度不一样。也是因为这个原因，我们国家自闭症人群的教育——康复和教育这块，其实是一个薄弱环节。第一，我们国家的人口比较多，另外，我们对自闭症人群的教育起步也比较晚。目前为止，全国都是以民办的康复机构来作为补充，承担了自闭症儿童康复的治疗工作。而自闭症的儿童，由于病的成因找不到，没有一个明确的临床的诊断，所以说他们只能实施教育和康复相结合的方案。

刘锦山：没有治疗是吗？

王欣会：对的，没有临床治疗，只能是通过有效的教育干预手段来达到一个康复的效果，是这样的一种情况。目前我们国家，据我所知，应该是有将近3500家正规的、具有一定规模的自闭症儿童康复机构。当然不算我们民间的一些小作坊之类的，也就是说，在民政部登记注册的，在各个民政部门、残联部门有一定资质的，大概是有这么多家机构。基本上大家的教育的方法和理念，都来源于国外，然后与我们进行一个结合。现在看来，通过科学的干预方式，能够有效地缓解他们的病情，同时能够提高和增加他们的认知情况。能达到一个什么效果呢？一部分孩子可能能够正常地入学，另外一部分孩子可能能做到完全的自理、家居，不影响父母，不影响家庭的生活。另外一部分可能稍微重度的孩子，在经过有效的训练之后，也能够达到半自理。

图5 王欣会到巴林左旗碧流台镇了解自闭症儿童辍学情况

刘锦山：王校长，您刚才介绍了我们国家自闭症儿童康复这项工作或这项事业的整体情况，那么国外的情况，您能给大家简单介绍一下吗？

王欣会：国外的情况，我们以美国为例，因为它可能是起步比较早一些，在这个方面的研究也比较早一些。另外，美国的政策规定，孩子被诊断为自闭症之后，这个家庭就会有一个家长和一个孩子被纳入固定医疗体系内。像我们去参观的几个社区、几个州都是这样的。从而他们能得到免费的社区康复服务，而且还会获得一份补贴。这样就使他们的孩子在得了这样的病以后，家庭负担稍微轻一些。国家和社区承担了这个负担。

发达国家目前也没有相应的临床和药物来治疗，只不过它可能在社会保障体系方面，比我们早了几年。

刘锦山：王校长，您刚才介绍了自闭症儿童，在临床上还没有诊断的标准。那我们怎么去判断一个儿童是否为自闭症儿童？

王欣会：并不是说临床上没有诊断标准，我们是通过一些心理学的量表，一些教育学的量表，还有通过我们的智力筛查等，综合判断孩子的情况。只是说我们现在临床没有发现这个致病因，但是在诊断方面还是有一些标准的。国内和国外都有一些相应的标准来诊断。

刘锦山：那您给具体介绍一下，怎么样判断一个孩子患了自闭症呢？

王欣会：其实除去专业的量表，包括我们现在的诊断医院，比较权威的就是北京大学第六医院、北京儿童医院，还有广州的儿童医院等，一些非常著名的儿童医院，它们采用的一些量表模式，也都是从国外引进的，像 PEP-3 量表，这个都是全世界在通用的。但是除去这些专业的不说，我们在日常生活中其实也是能够发现这类孩子的特别之处。自闭症儿童有几个很典型的特征。第一个就是语言发育较迟缓。也就是说孩子可能到了两周岁，甚至是三周岁还没有语言能力，他不说话，并且表现出一种很狭隘的兴趣，不像正常的孩子对大千世界都充满了兴趣，这类孩子的兴趣就很狭隘，他可能会针对某一个物体，不断地去钻研，不断地去玩儿。甚至有的时候有的孩子还很喜欢如线状的、条形的、椭圆的这一类的特别的物体，他会表现出很痴迷的样子，这是行为方面的表现。另外一个特征也是最严重的，就是这类孩子的语言能力缺失之后就没有沟通。也就是说没有交流，没有互动。正常孩子和正常人的语言都是轮次性的。比如说您问我，我就会回答您，对吧？但是这类孩子他是不懂这种规则的，甚至他没有沟通的欲望，也没有交流的欲望。这几点，在孩子 16 个月到 24 个月的时候，就会发现是否有这样的问题。

比如说昨天下午有一个小男孩儿，他爸爸就给我打电话。他就跟我说："我的孩子都已经三周岁了，可是他不会说话，他对我们也没有什么依赖感，就自己玩儿自己的，您说他有问题吗？"我就问他："您觉得是问题吗？"他说其实他感觉到是一个很严重的问题了。因为跟正常孩子一对比，你就会发现这个问题存在了，所以说还是很明显的。

刘锦山：日常生活中，我们平常自己也可以判断，是吧？

王欣会：对。就是说自闭症目前为止，它没有什么更好的办法，但是它可以早发现、早干预，像16个月到6周岁以前，我们一般都说2周岁到6周岁，是这个孩子接受治疗的黄金期。那么2周岁到3周岁这段时间，就是黄金期中的黄金期。发现得越早，干预得越早，后期训练的效果可能会更好，融入社会的比例和融入社会的概率，就会大幅度增高。

三、自闭症儿童康复训练

刘锦山：王校长，请您给大家具体介绍一下，对自闭症儿童怎么去进行康复工作？

王欣会：可以通过有效的干预、有效的康复手段、有效的教育手段来提高自闭症儿童目前的行为能力。

拿我们学校为例，我们学校一共有三个体系。有一个体系是针对孩子的行为的，我们使用了VB-MAPP[①]。它是目前为止，比较通用、先进的，一个针对自闭症儿童诊断和治疗的一个体系。我们会根据每一个孩子的情况，做出一套评估。根据这套评估结果，每一个孩子都是个别案例，就是一人一案，然后通过对他的评估给他做计划，通过这样的计划来提升他的能力水平，有针对性的。

还有一套体系是言语治疗体系。我刚刚谈到了自闭症的孩子语言方面是有缺失的，首先让孩子能够解决"怎么说？为什么说？说什么？"这样三个问题，才能够让他有发言的动机。让他有发言的动机，他才会去发言。就是我刚才说的那

---

① VB-MAPP，Verbal Behavior Milestones Assessment and Placement Program 的简写，语言行为里程碑评估及安置程序，是一套针对孤独症及其他发展性障碍儿童的语言和社会能力的评估程序。VB-MAPP共包含五个部分：里程碑评估、障碍评估、转衔评估、任务分析和技能追踪、安置程序和个别化教育目标。

几个问题，它是这样的一个过程。所以我们也有一套完整的言语治疗体系。

另外一种情况就是大部分的自闭症的患儿，包括这个体系中的患儿，他们都存在着运动失调的问题。如感觉统合失调，他们的一些相应的感知觉，跟正常的孩子是不一样的。打比方说，有的孩子就没有痛感，你把他的手划破，或者说有相应的一些小伤，他没有一点痛觉。他甚至有的时候还觉得，血液流出来之后挺好玩儿，他很喜欢唾液或者是血液那样黏稠的感觉。这些都是一种感知觉的失调。我们会通过运动来改变和干预他的感知觉。大家应该听说过，我们人有四大认知系统。我们有的人是用听觉来感知整个社会的，有的孩子你看他没有学习，也没有看黑板，但是他听了，他就会了。有的人是以视觉为主的，有的人是以体觉为主的，其实我们也是通过这样一套系统的运动体系来完成整个的感知觉的协调过程。

所以我们是用系统的训练方案来整合孩子身体行为和认知，来分层次提高训练目标。其实所谓的训练目标是什么呀？比如说语言方面，患儿没有语言，那怎么办？那我们就要训练他有语言，能够去沟通，能够去表达，经过逐层的训练之后，患儿达到能够表达一些内容，其实就已经是康复效果了。

刘锦山：王校长，您能不能给举一个具体的案例来说明，一个小孩，被收到您的学校以后，是怎么样一步一步进行康复干预的？

王欣会：在自闭症儿童康复训练的过程中，也发生过很多的趣事，感动的事、落泪的事，还有很多不一样的事。

有一个孩子他刚刚来的时候是3周岁了，已经36个月的月龄。但是他来了以后，在房间里边有将近40分钟的时间什么都没有干，就坐在一个小椅子上，瞅着天花板的四个角。他对直线很感兴趣，所以他就是坐在小椅子上，恍如旁边没有人。我在跟他妈妈聊天的时候，我们也是这样面对面地聊天。他不会瞅我们俩，也不会关心我们聊的是什么，他就一直在瞅房间的各个角落和各条线。后来我知道了，这个孩子对直线非常非常的痴迷。等他入学之后我就发现，他会对所有这种线状的物体，作为自己的一个强化。每天他不高兴的时候，或者是有脾气的时候，他妈妈就给他一根绳，他就拿这根绳不断地抖，不断地玩，不断地看。他很狭隘的一个兴趣就展现出来了，而且没有语言，没有沟通。

后来我们就给他做了一个测评。测评之后我们发现，这个孩子已经是36个月的月龄了，可是他的实际水平还不足18个月。也就是说他的某一方面能力水平，还不如10个月的孩子，某一方面能力的水平可能是到了14个月，某一方面的水平可能到了12个月。但是整体的综合水平，除了身体的重量以外，基本上都达不到18个月孩子的能力水平。也就是说，我们要通过测评来判定这个孩子的整体起点是什么样的，然后再通过对18个月的孩子的标准——因为目前为止，他在我们眼里相当于是一个18个月的孩子，针对性地对18个月的孩子的行为、能力、认知、语言、交流还有大动作等进行一个分解，给他制定出一套计划。他也就相当于是从18个月开始往上发展。

这个孩子在经过两年左右的训练后，再做测评。我们是六个月一个测评期。其实第一个六个月的时候他都没有太大的进步，整个指标、水平，都没有进步，只不过很多问题行为没有了，比如说玩绳，不断地抖动和玩绳这个行为没有了，被我们给干预掉了。他不会再像之前那样每天进到屋里边，只要发现直线，就拼命地去瞅，拼命地去看。这个行为被我们给干预掉了。剩下其他的指标没有明显改善。后来到了第二个阶段，也就是说12个月的时候，我们发现他逐项指标就已经飞跃了很大的一块儿。开始的时候他从没有眼神的对视，我们这样看着，他都不会用眼神去瞅你，后面渐有眼神的对视，哎，你叫他，你说阳阳，他就会回头去瞅你，并且他会有轮次性的反应。而且其他认知水平也提高了很多。但是这个孩子确实是在训练了将近16个月到18个月的时候才会说话。

刘锦山：那说话怎么训练？就是一句一句地教他吗？

王欣会：我们通过不同的视、听、嗅、感、闻引导，还有我们的口部肌肉的定位治疗，通过一系列的手段他才能够说话。说话之后，第一声就叫妈妈。当时我也是很感动的。那个时候其实也是我最难的时候，第一次流眼泪就是因为这个孩子。将近一年半的时间了，各项指标进步都不是很快，而且最主要他没有语言。但是当他第一次叫妈妈的时候，他叫的不是他妈妈，叫的是我，因为我给他上课。我当时有很长很长时间就抱着他，一直不撒开、不松手，因为我不知道下一句话跟他说什么。

其实一个孩子的训练过程，对一个老师来讲，是一个很复杂也很艰辛的历程。这个过程中不光涉及很多专业性的内容，同时也涉及一个老师，对这个孩子的各种情绪，有包容，有理解，有努力，同时其实也有隐忍。这种隐忍是什么呢？我们面对正常的孩子，可以有桃李满天下的期待，我们知道，一年级的一个小苗子，六年之后把他送走，他变成了一个个子很高的大孩子。这是一种成就感，也是一种强化。但是对于一个特教老师来讲，这是一种隐忍。隐忍什么呢？你要隐忍这个孩子，年复一年日复一日地去教他，但是他却不能以那么好的效果回馈你，就需要去隐忍。要去发现进步，发现一点一滴的进步。哪怕是今天他给你一个拥抱，明天他给你一个眼神，这都是一种鼓励，都是你的成绩。这就是特教的不容易吧。

四、从普教到特教的选择

刘锦山：王校长，通过您前面的介绍，我们对自闭症儿童，还有自闭症儿童的康复，有一个基本的了解了。您刚才讲了您从2005年开始，开展自闭症儿童康复这项工作，到现在已经15年了。

王欣会：15年。

刘锦山：应该说这项工作还是充满挑战和难度的，那么我就想请您讲讲您当时为什么从办幼儿园，转到了自闭症儿童康复这项工作。

王欣会：最早我承接自闭症儿童康复工作，真的是机缘巧合。2005年的时候，我的幼儿园接收了一个小孩儿。这个孩子的妈妈当时把孩子送过来的时候，没有说实情，没有跟我讲这个孩子有什么不一样，当时因为我们是私立幼儿园，我认为我们的整个服务当时在全市是很好的。等到把这个孩子接收进来的第一天，我们就发现这个孩子跟别的孩子是不一样的。

这个孩子小名叫林林，是一个小男孩，挺可爱的，白白净净的，眼睛大大的，长得还挺帅气的。但是我发现他来了之后不哭也不闹。正常的孩子送幼儿园都是跟妈妈难舍难分，有的孩子甚至哭了半年，早晨送的时候还哭。这个孩子就是不哭也不闹，叫他吃饭，他就坐下来吃，而且吃得也不多。因为我们有很多餐品，那个孩子当时吃饭的时候，他就只吃一个米饭，并且他用勺子的力量还特别弱，吃的时候吃得还不太好。我们的老师还以为这个孩子可能是家里边喂习惯了，那怎么办呀？幼儿园老师最不缺的就是母爱，于是喂他吃饭。但是喂他吃菜他也不吃，就吃米饭。因为是第一天，让他吃米饭就好。到下午的时候，别的小朋友都期盼着父母来接自己，他就一个人坐在小椅子上，而且一天都处在没有听课、游离的一种状态上。后来老师就跟我说：这个孩子好像有点特殊，他不哭也不闹的，你说他是不是有啥问题呀？我们当时就说，不能。因为没有遇到过这样的情况，咱们再观察观察，一会儿他妈妈来的时候我们问问她。妈妈来到学校之后把孩子接走了，我们把孩子一天的情况说了一下。他妈妈有所躲闪，说："哎，我们着急回家，我们走了。"第二天早上的时候又送来了。送来之后，这个孩子仍然是不哭不闹，自己就站在原地，也不动。老师领着他，把他送到班级小椅子上，他又坐在那儿了。我说："那就这样，我们重点观察这个孩子，做记录。"后来就这样，一来一往。

  到第三天的时候，我找了这个孩子的妈妈，问得很委婉："林林，他从小是正常的生产吗？有没有经历过产后的缺氧，或者这种器质性的损害等？他不跟我们交流，也不跟我们沟通，在家跟你们交流吗？"他妈妈在前半个小时的交流中都是不说话的，不回答我的问题，就哼哼哈哈答应着。到后半个小时，我就跟她说："林林妈妈，教育是双向的，他不光是要在学校和幼儿园中，一定是家庭和幼儿园得配合，我们才能够让孩子更好地成长，更好地走入小学。"当听到"小学"这个词的时候，他妈妈就哭了，哇的一声就哭了。我能感受到那种情绪的一个转变，是一种发泄式的情绪转变。他妈妈跟我说："哎王老师，我没有跟你说实话，我们这个孩子有点问题，我们孩子可能发育上有点问题，他到现在也不说话，跟我们也不说话，长这么大从来没叫过妈妈。"我当时其实就意识到了这个孩子是有问题的，我说："那林林妈妈，你应该跟我说实话，这样的话我们才能不耽误孩子。"沟通就是一来一往的。

其实我是在第7天的时候，就考虑不收这个孩子了。为什么呢？因为他比较浪费老师的时间。另外一个，我们也害怕这种情况我们处理不了，耽误这个孩子。在第7天的时候，我是想跟他妈妈聊劝退这个事儿的，但他妈妈当时死活都不走。她跟我说："王老师，我不怕你笑话，这已经是我送的第4家幼儿园了，你要是再不收我们的话，我们的孩子就没有地方学习，没有地方去了。"那个时候我也很年轻，当时就挺受不了的。那个时候我还没有孩子，挺受不了他妈妈这种哭。因为本身可能是自己学这个专业，并且从小的志向就是当一名老师，就有这种特别不舍、特别不忍的感觉。我想：哎呀，要把他劝退，他可能真没地方可去了，怎么办呢？他妈妈又不能带着他，我就跟我的几个老师说，咱们收下这个孩子，咱们研究研究，看看他到底是什么情况。其实有同情心，有好奇心，有责任心，也有想尝试挑战的想法，各种感觉吧。其实现在回想是各种感觉。当时是没有那么多的想法，我们就收下他，也许是因为跟这个孩子的一个机缘巧合或者是缘分。

陆续有了几个这样的孩子到园里来，每一个都不舍得不收，都想能不能帮一帮这样的家长，能不能帮一帮这样的孩子。而他们的遭遇大多数都是一样的，没有地方可去，上不了幼儿园。甚至有一个家长更可怜，孩子到幼儿园之后，小朋友就说："妈妈，我们班来了个傻子。"在2005年和2006年，我们收了5个这样的孩子。有1个小女孩、4个小男孩，就收来了。

收来以后才发现，这份责任真的不是能轻易承担的，真的不是有一个奋进的劲儿、有一个拼搏的劲儿，或者是有一个同情心就能干的。因为搞早教，我们知道提高孩子的能力水平，我们知道给这个孩子怎么样去做一定的学习规划和教育规划。但是我们却不知道如何给一个特殊的孩子制定教育规划、教学计划。就按照最笨的方法，当然现在看，最笨的方法其实也是最原始的理论，首先得知道这个孩子到底是个什么水平，也就是刚刚提及的测评。但那个时候我们没有针对特殊儿童的测评系统。我们就靠摆积木，几个月能摆到什么程度。然后逐一地根据这个程度来判断，比如孩子16个月了，可是他却只能摆到10个月孩子的水平；或者孩子已经3岁了，可是他才能摆到1岁孩子的水平。其实这是最基础的教育原理，就这样一点一点地发现。

后来我们开始学习，带着老师到全国各地去学习。我们内地最早的一所自闭症康复学校，是北京星星雨教育研究所。它是一个自闭症孩子的妈妈创立的。这个孩子妈妈是高学历、高水平的一个海归，因为自己孩子的这种情况，她创办了一所这样的学校。但那个时候我们没有打听到，我们就各种地方去打听，去各种早教机构学习，去各种拓展机构学习，去北上广一些先进的地方学习。

其实中间是想过放弃的。在2006年、2007年的时候真的是想放弃。为什么呢？因为太难了。就教这5个孩子所占用的师资和能力，要超过40个孩子。那时候班额比较大，可能有30多个孩子，3个老师就够了。但是教这5个孩子却要有5个老师。所以当时不论从哪个角度来讲，都是非常难的，也想过放弃。但是这5个家长触动了我，让我更坚定了去帮助他们，有了往前走的信心。

为什么我在2009年的时候转成了特教呢？因为正常的孩子逐渐走光了。2008年的时候我经历过什么呢？从过年开始，到开学正月十六（我们每年都是正月十六开学），申请退园的家长特别多。后来我就跟几个要好的家长谈："你们为什么要退园呀？"因为当时我们园里有100多个孩子，那个时候从一个民办的私立幼儿园来看，是很多的了。作为一个管理者，我下边有30多个老师，得给他们开工资呀，特别着急。后来他们就说："哎呀，王老师，我们觉得你这个人挺好的，我们也觉得你也很直爽，就不瞒你了，我们就觉得你现在大部分精力和师资都去教育那些不正常的孩子了，我们不想让我们的孩子跟不正常的孩子在一起。"这个家长说的其实很委婉。

其实在2008年，已经走了十几个孩子。当时我心如刀绞，想不干了。因为我不能因为这个把那么多的孩子都放弃了，而且我也是要养家糊口的，也要去养活我的老师们呀，而且自闭症孩子的家长有的连学费都交不上。后来这5个家长每天都找我，找到我家里。那个时候我的心里是有摇摆的，但是现在看来，其实我已经倾向于接着干了，甚至有的家长说："哎呀，如果你有什么经济上的困难，我们一起来想办法，我们把工资都交给你，我们可以卖房子。"当时在零几年的时候，房价没有那么高，卖房子也只是杯水车薪。而且那个时候他们有的是平房，根本卖不上钱的。

2008年，我们把整个幼儿园砍掉了，开始主要招特教的孩子。很多学生家长慕名而来，我们没有做过任何的宣传和广告，也有家长转介绍来的。等到了2009年，我们就一下子有了30多个这样的孩子，就更加坚定了继续做这个事情的初心，一定要把这个事情做好。而且那个时候一腔热血地想做，就一下子进来了。

进来之后才发现，没有想象的那么容易，这是一条漫漫的不归路。带了这样的孩子，再把他推出去就很残忍，我自己很受不了。因为我们知道，正常的孩子不在我这个幼儿园，他可以到另外的幼儿园，很多人都可以接受他，但是自闭症孩子如果我不把他留下，他到别处都可能碰壁。时间是很紧迫的。搞教育的知道，正常的孩子的早教有多重要，学前这个阶段对孩子有多重要。我更不想让自闭症孩子错过这样的一个黄金时期，就这样，我就开始了特教的漫漫之旅。

五、十年艰辛下砥砺前行

刘锦山：王校长，您的学校是民办的吗？

王欣会：民办的。

刘锦山：根据您刚才介绍，像特教所需的师资，花的时间和精力、投入都比较大，应该说它的教育成本会比普教要高好多。咱们又不是公立的机构，政府、国家有一定的投入。那您作为一个民营机构，在办学过程中肯定有经济压力，开支压力肯定也是比较大的。那这方面的问题您是怎么样逐步去解决的呢？后来政府是不是有些资助？

王欣会：是的。其实两方面的原因吧。一方面的主要原因，也是我们赶上了政府的好政策。从2009年开始，我们很难，真的很难。因为孩子一下变少了，经营就出现了亏损。自闭症孩子的家长在经济上和精神上都有负担。家庭条件好一点的还好，很多家庭条件差一点，可能连学费都成问题。家长们真的是拼死拼活，只为了给孩子挣一份学费。在 2011 年，我们迎来了国家的一个政策，国家出台了"十二五"期间针对残疾儿童的一个专门救助项目，那个时候叫"七彩梦行动计划"。当时我就觉得这个名字很好，它真的像彩虹一样，给了我们希望。这些孩子能够有一个最基础的教育保障。国家出一部分的钱，来支撑这些孩子的教育。同时它也给我一个希望，家长即使赚不到钱，或没有那么多的钱，国家也可以给他支撑一份钱，从而帮助我们机构的运转。所以其实我们是赶上了党的好政策，赶上了国家的好政策。从 2011 年开始，到现在 10 年间，我们的国家政策是越来越好的。像现在补贴已经能全覆盖 7 岁以下的孩子的康复。也就是说 7 岁以下的孩子，只要来机构训练，都会有国家的最基础的补贴。这个补贴至少能够支撑每个孩子每天三个小时的固定康复训练，也从而保证了我们机构的运转。

还有一方面就是来自社会上的帮助。这么多年我最习惯用的一个词叫什么，叫"化缘"。当有了一定困难的时候，最初的那几年是靠自己去解决，真的靠自己去解决。我也曾经把自己的房子卖了，来维持运营。也曾经拿这部分钱送老师出去培训，提高他们的水平，提高他们的教学水平和专业能力。就像一个小微企业的创业者一样，老百姓说的话叫"紧揪饬、紧倒腾"，保证这个企业存活，不死掉，让这些孩子能够有这样的一个地方。后来开始"化缘"。随着我们多年的运转，我们的这个社会知名度、声誉，以及我们家长给予我们的帮助，还有社会各界的关注度都提高了。

2011 年开始我们组织了一个全市的自闭症儿童的宣传活动。我们的目标是让更多的人，去理解和接纳这部分孩子。另外也让更多的家长知道，孩子有了这样的症状之后，能够尽快地带着孩子来康复。2010 年搞的活动，不算我们机构的老师，有 10 个人参与。这 10 个人有大爷、大妈、社区的，还有在家待着的闲人，围观、看一看我们发传单什么的，就 10 个人。到 2011 年的时候，我们就邀请了一些大学生志愿者参与，就有 40 多个人。

到 2019 年，我们得到了市党委统战部部长的重视，好几个部门联合跟我们

图 6　2018 年，王欣会在老校区上个训课

一起做活动。活动现场人数 8000 多人，线上人数有 6 万人次。我想用这个数字说明近十年来我们做的社会宣传，发挥了一定的作用，同时十年来我们的社会、群众在对社会事业的关注上，有了一个大幅度的提高。原来把问题孩子直接称为"傻子"的人，他们现在也有了一份同情心，不再去排斥他们。

我觉得这十年来我们经历了两个层次。一个层次是社会公众的关注度提高了。另外一个层次就是发现社会文明水平进步了、上升了。其实在很大程度上，一个国家或者是一个社会，对弱势群体、对残疾人的关注，代表其文明程度。我很自豪"化缘"的事儿。社会的救助，国家的政策，当然也有我们自己不懈的努力。我们的老师，可以说是鞠躬尽瘁地在做，在学习、工作中。

直到 2014 年我们不亏损了。在这个过程中我们得到了很多家长的支持。有一个家长一年挣 2 万块钱的工资，原封不动——那个时候都是现金，把 2 万块钱拿到学校来，就说："王校长，不管这个钱你是给我当学费也好，还是算我资助也好，我必须把我这一年的工资都捐给你，让你们能够继续。"其实大家的初心很简单，只要机构能存在，能够发展，愿意付出所有的努力。我们坚持下来很难，这中间我们经历种种波折和困难，这个过程用一言难尽都不足以表达，我们在这个过程中的艰辛真是太多了。

图7　2018年7月，王欣会在毕业班的最后一节集体课上

图8　2010年的感统教室

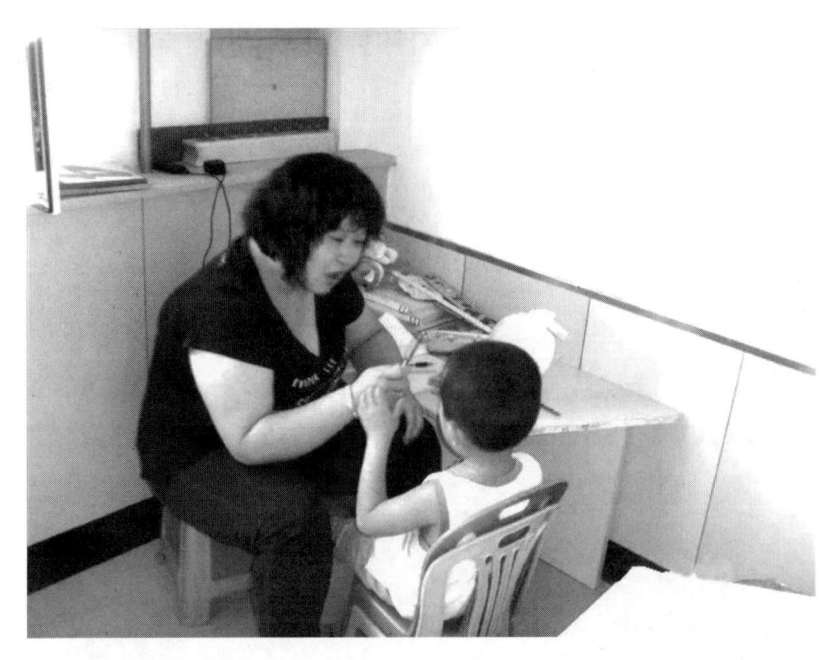

图9　2010年的个训教室

图10　2020年的个训教室

图11 2010年的集体教室

图12 2020年的集体教室

六、以爱与责任坚守初心

刘锦山：王校长，刚才您介绍了您当时从普教转到特教，转到自闭症儿童康复这个事业上的过程，工作难度确实是挺大的，那您这样坚持，您的目标是什么样的？

王欣会：坚持两个字，我真的挺有感触。很多人问我：你为什么坚持？坚持下来有什么理由？我记得在2019年3月两会的时候，我很荣幸走了代表通道，也有记者问到了这个问题。

图13　2019年，王欣会（右一）在人民大会堂参加会议

我听过一个心愿，是我印象最深的心愿，有一个家长跟我说，她就想比她的孩子多活一天。当听到她这个心愿的时候，我终身不能忘。这个愿望反映出了这个家长很真实的想法。她不知道，如果有一天她老去了，她的孩子该怎么办。所

以她最大的愿望就是比她的孩子多活一天。那个家长当时说得其实挺轻描淡写，就像平时聊天唠嗑一样就说出来了。但是我能够理解这个家长内心的那种苦涩和艰辛，我能理解她那种感觉。我有的时候看到全校的学生，就在想如果我不干了，他们该怎么办？如果我不干了，他们该上哪儿去？谁去帮助他们更好地融入社会？谁去帮助他们提升能力？能够更好地自理，能够在家里边生活？

现在有的时候，就像这次疫情，我就担心，家长会不会与孩子沟通。因为，疫情时间太长了，家长在家里边带孩子，又出不去，始终在屋里边关着，可能会出现情绪上的波动。我就让我的老师马上开始线上上课。把所有的视频都打开，利用所有能利用的东西，开始给家长线上上课，干什么呢？不是先教孩子，而是先给家长做心理疏导。

所以说，坚持其实是什么？我觉得来源于一份责任，同时也来源于我想要为这类孩子和这个群体去做一点事儿，力所能及地帮助他们。同时，我觉得我也很幸运，有了代表的身份，我能通过这样的一个渠道，去为他们争取更多的权益和利益，我也会去争取更多的国家政策。希望我们学校的孩子能够越来越好，希望我们学校的孩子也能够像其他的孩子一样，像正常的孩子一样融入小学里边去，长大后有一个他们自己能够赖以生存的手段，有一个他们能够赖以生存的自理能力就可以了。其实我每年都能听到很多自闭症孩子走失的新闻，去年在广州就有一个自闭症孩子走失了，最后活活饿死了，发现的时候各项身体机能都没有了。

刘锦山：衰竭了。

王欣会：对，衰竭然后才死的。所以我想这份坚持可能就是这么简单，就是尽我的最大的力量，做一个最简单的事儿，让这个群体能有一份希望，让这些家庭能有一份希望。

其实我刚刚讲过，自闭症的孩子是无法完全康复的，但是为什么还有很多家长拼命给孩子做康复训练？因为这是他的一份希望，他生活的一份希望。你想，如果家里边有一个自闭症的孩子，最简单的一点就是所有的家庭作息都被打破了。我曾经跟家长们聊天的时候说，看电影，然后吃一顿完整的饭，或者是说出去旅游，很开心地旅游。然后家长们就会说，这些东西自从我有了这个孩子之后，一切都已经随之灰飞烟灭了，不存在了。为什么？因为经济上、精力上的压力，已经不允许带着孩子去旅游。家长会有很多的问题，会有心理压力，会在意别人怎么看。另外家长还担心会不会给别人的孩子带来麻烦，或者损坏别人的物品。自闭症孩子会有一个情况，什么情况呢？比如说我们演播间此时就有一盘水果，他进来以后，如果他发脾气，他可能就直接扔了；如果他想吃，他不会问你这个我能不能吃，他就会拿起来吃。他们没有一定的社会规则意识，也没有社会性意识，这些行为就导致很多家长不能有正常的生活了。生活的整个节奏被打破了，有自闭症孩子之后生活会很糟糕。

我让我们的家长正视这个问题。我说为什么不能带着孩子去看电影？我就联系电影院，我说给我们的孩子专门放一场电影，可以只放20分钟，我们就看20分钟。但是我也希望我们的孩子和家长能来看、来感受这个场景。然后我说为什么不能带着孩子去旅游？我说你要去正视他，旅游过程是有可能带着孩子，可以让孩子增长更多的见识，有利于孩子的康复。但其实说归说，做很难。

七、令人难忘的感人故事

刘锦山：王校长，从2005年开始从事自闭症儿童康复工作，现在15年了，前面您也谈到了一些令人感动的案例、事情，还有没有其他方面让您比较难忘，或者让大家比较感动的这样一些案例呢？您给大家再介绍几个。

王欣会：其实，感动的事情真的很多，可能说每天在我们周围都发生着，最让我感动的事，还是我们的孩子从不会说话到会说话，从没有语言到有语言，从不会叫妈妈到会叫妈妈。

我刚刚说的那个孩子，林林，他也是这样的一个情况。他妈妈说："长这么大，我没有听过孩子叫妈妈。"孩子第一次叫妈妈、第一次叫爸爸，这是一个父母最欣慰的事情，对吧？但是这类孩子的家长却没有体验过。让我们感动的事情也是这样的。像林林，是我的一个老师带的，他突然间第一次叫妈妈的时候，他的妈妈也不在身边，当时那个老师，你知道吗？哇一声就哭了。我特别理解她，那个老师，哇一下就哭了之后，把孩子放在教室里边，自己就出去哭，号啕大哭。当时我们还不知道怎么回事，她哭得说不出话来了。我们走进教室，看见孩子自己一个人在那待着呢。我就问他："林林，怎么了？"因为我们经常会遇到孩子咬伤、抓伤、挠伤我们，我们还以为他是有什么行为伤到了这个老师。那个孩子当时在教室里边的时候特别的木讷，各种瞅也没有反应。我们另外一个老师就蹲下来问他："林林，你怎么了呀？"然后他就又叫了一声妈妈。很简单一个声音，当时我们就明白那个老师为什么哭了。在场的四五个老师，当时都是有点那种眼泪转眼圈的感觉。当时另外一个老师就说："不用问了，我知道她为啥哭了。"然后就把这个孩子抱起来了，我们就去安慰这个老师。这个时候她其实情绪也好多了，终于看到教学效果了。尤其是女性，当一个不是你的孩子管你叫妈妈，而且是第一声，长这么大的第一声，而且那个孩子都已经6岁了。将近3年的一个过程，他都不会说话，这个老师一直在带他，可以想这是一个什么样的过程。

我家女儿叫我妈妈的时候，我都没有那样的一个感觉。但是当年我带阳阳的时候，他第一声叫我妈妈的时候，我就抱着那个孩子，就觉得就想把他抱进骨子里边，抱进心里边，甚至我都不知道应该用什么爱去爱他了。那种感觉我特别特别了解，所以说一声妈妈让我们非常的感动，戳中了我们心里边最柔软的那一块，也是激励我们继续前行的动力。这一声妈妈，也唤醒了人性最基础的一面，他们是弱势群体，但其实在我们眼里他们与常人是一样的，跟普通的孩子没有什么区别，如何去正视和爱护这群孩子？是我们所思考的。

有一个孩子家里边挺贫困的，他家是低保户，孩子的妈妈在得知这个孩子患自闭症之后，就悄无声息地走了，最后孩子的父亲好像是通过法律途径，把婚姻关系解除了。这个孩子的爸爸独自一个人在外面做零工，农村人，巴林右旗的。孩子的爷爷在做零工的时候把腿给砸伤了，成残疾了，就拖着一条腿。然后孩子的奶奶陪着孩子在我这上学，真的是很困难。后来我们就给他免了学费，然后帮她找房子，并且帮她在我们附近找一些简单的工作，让她维持生活。同时我们也给她申请了基金会的补助，每个月补贴她600块钱。这个孩子的奶奶真的很积极乐观，这个孩子也很争气，训练效果特别好。训练了一年多的时候，这个孩子已经基本上能达到上小学的程度了。他奶奶真的靠捡破烂儿为生，租完房子之后，我们把所有的矿泉水瓶子什么的都给她攒着，还有纸壳什么的。她每天早晨去西城菜市场，尤其是夏季的时候，别人丢弃的蔬菜她捡回家，我们觉得她日子过得很拮据，那个时候也是经常去买一些好吃的去慰问他们。

我们也很欣慰，9月份我们帮他联系了当地的小学，然后上去了。等到天都很冷了，大概是十一二月的时候，孩子的奶奶背着小米，还有荞面送给我们。一进办公室，我说地上这是什么呀，老师说她在外边等着我呢。我就请她进来，进来之后抱着我就哭了。她说："王老师，我们没有什么能感谢你的，我们也不知道该怎么说，一个农民笨嘴拙舌的也说不出什么好听的话，这都是我们自己家地里收的，都是新的粮食，我们就等粮食打下来以后，给你送过来的。"那一刻我就觉得自己做的事情都值了，所有的付出都值了。后来我们就把这个米和面给每个老师都分了一点儿，我说虽然这个东西不值钱，但是希望大家都能尝一尝。那个孩子的奶奶给每个老师鞠躬，说谢谢你们，照顾我家的孩子。孩子在的时候，因为很多老师家里边有孩子穿小的衣服，老师们就自发地洗干净了，熨平整了，给这个孩子带过来。

在我们这个群体中互相帮助真的很多。我们后来才知道有一个家长，每个月都给这个老太太200块钱。我们问那个家长，那你怎么不说呀。她说200块钱也不多，力所能及地帮一帮她。后来也是从几个大娘嘴里边知道，还有别的孩子的妈妈给老奶奶200块钱，其实这种互相帮助、互相理解、互相支持，就是最大的感动。

感人的事儿很多，在我们学校发生了太多太多，尤其是这种互相之间的。你会发现大家伙那种互相支持、互相依赖，比方说你们家今天中午吃什么呀，然后我做什么了，我给你带一个好吗。大家伙既互相理解，又互相帮助。在我们这儿看到更多的是正能量，是最基础、最大的正能量。

八、立足本职履职为人民

刘锦山：王校长，2018年您成为第十三届全国人大代表。在人大的这个平台上，也有机会能够为自闭症儿童、特殊人群的康复，呼吁做一些工作，请您谈谈这方面的情况。

王欣会：我真的很幸运。在2018年的时候当选为全国人大代表，我当时的第一个想法就是，我终于能够有更高的渠道、更好的一条通道来帮助这些孩子了。从2018年以来，我陆续提了很多关于残疾儿童、自闭症儿童及困难的残疾家庭的政策建议。

2018年的时候我提过一个建议，提高自闭症儿童康复补贴，去年已经落实了。每个孩子每一年从12000块钱提高到了15000块钱的标准。虽然钱不多，但是你知道对于我们这么大一个国家来讲，我觉得这就已经是一个很大的飞跃了。在很多沿海城市，经济条件相对好的地方，我听说还有更高的帮助、补贴。

2019年的时候我又提了相关的提案，并且这个事儿也得到了我们市委领导的重视。市委领导因为这个事儿特别做了调研，同时也开了相关的会议，然后给我们市的每个自闭症儿童追加了6000块钱，这样的话，每个孩子一年就会有21000块钱的补贴。这个补贴基本上就能够满足孩子一年的训练费用了，能够让比较困难一点儿的家庭，不用有任何的家庭负担，能够给孩子做相应的康复，不耽误孩子。"不耽误，不放弃"，这是我们的口号，就是不耽误孩子，不放弃孩子。

无论是从提案上，提建议上，还是从我们国家相关部门的重视层面，都在很大的程度上推动了自闭症儿童受教育权利、医疗康复权利的保障。除了补贴标准提高了，还有我们《中华人民共和国义务教育法》里边也可能会修改，就是关于残疾儿童受教育的这一块儿。这个提上去之后人大也是非常重视的。但每一个立法、政策，需要时间，我相信这个通道确实是有帮助的。

刘锦山：促进自闭症儿童康复，提升他们生活，他们生存的质量肯定会越来越好，我们国家的经济社会发展也是越来越好。

王欣会：是的，是的，确实是这样。

刘锦山：党和政府也非常重视。这方面我相信也会越来越好。我们党的执政理念是以人民为中心，人民至上。这几年强调得也非常多。您对这句话怎么理解？结合咱们中心的办学实践，以后的发展，谈谈您对这个理念的理解。

王欣会：谈到人民至上的时候，我还清晰地记得，2020年5月22日下午，习近平总书记在参加第十三届全国人大第三次会议内蒙古代表团审议时强调，要坚持人民至上，现在回想起来仍然感动于心。15年的从业经历，再加上我所接触的这类特殊群体的变化，我能够感受到我们的国家政策、我们的居民生活水平、我们公民的权益和权利在逐年提升。我当选全国人大代表已经3年了，这3年来我清晰地感受到党和政府实实在在地做了哪些事，事关群众的事和事关人民的事都是大事。

我自己所理解的人民至上，就是做好自己的本职工作，服务好每一个群众，守护好每一个自闭症儿童。也许不同行业的人对人民至上会有不同的理解。我作为一个教育工作者，作为一个守护特殊群体的教育工作者，我认为的人民至上就是守护好他们、帮助好他们，尽自己最大的努力，去为他们做一点力所能及的小事，把孩子的事儿、家长的事儿，都作为自己心里的大事，我认为这就是人民至上，我要坚持把这件事情做好，坚持把这件事情持续地做下去。

刘锦山：确实，王校长，我们每个人把自己的本职工作扎扎实实做好了，就是对人民至上最好的落实。

王欣会：对，最好的落实和践行，是这样的。

刘锦山：最后祝王校长您的学校、咱们赤峰市，甚至全国的自闭症儿童康复事业越发展越好。

王欣会：谢谢。

刘锦山：谢谢您接受我们的采访。

王欣会：谢谢。

后 记

2018年6月，习近平总书记指出："当前，我国处于近代以来最好的发展时期，世界处于百年未有之大变局，两者同步交织、相互激荡。"我们所处的时代，正是中华民族走向伟大复兴的时代，这是一个伟大的时代。大江南北，大河上下，城市乡村，各行各业，生机盎然、朝气蓬勃……这样的时代需要我们以专业的态度去认真记录。

伟大的时代需要伟大的记录者。在中华民族发展的历史上，曾经涌现过以孔子、司马迁、司马光等为代表的一大批伟大记录者，他们本着"究天人之际，通古今之变，成一家之言""为天地立心，为生民立命，为往圣继绝学，为万世开太平"的伟大理想和情怀，用自己的笔和心血书写、记录着时代的变化与发展，保存和传承了中华文化，使得几千年后的今天，我们仍然可以通过这些作品了解我们的祖先和文化，了解他们如何筚路蓝缕一路走来……

"赤峰记忆"就是这样一项记录赤峰地区优秀历史文化的口述历史数字工程。为保证项目的质量，北京碧虚文化有限公司和赤峰市图书馆抽调精干力量组成项目组。在赤峰市文化新闻出版广电局（现赤峰市文化和旅游局）指导下，本着"我们，为未来保存现在"的初心，项目组认真研究赤峰地区悠久的历史和灿烂的文化，特别是100多年来党领导赤峰地区人民群众为创造美好生活进行的波澜壮阔的伟大斗争，精心策划。从2016年到2022年，先后确立了文化、乌兰牧骑、非物质文化遗产、杰出女性、图书馆、文化旅游6个专题以及烽火草原鲁艺人、清格尔泰这两个特别专题，以便系统反映赤峰地区优秀传统文化、革命文化和社会主义先进文化。在此基础上，我们制定了《"赤峰记忆"人物遴选标准》，从思想品德、个人经历、社会影响、行业分布等多个方面对人物进行遴选，最终遴选出100多位奋战在赤峰市各条战线、有重要影响的人物。在生产环节，制定了包括前期沟通、拟定提纲、录制、视频剪辑、导出音频、音频转字幕、字幕初校、视频加字幕、视频校对、被采访者校对、终审、最终定稿等12个环节在内的生产流程，精心打磨，高质量完成了320多集5700多分钟的视频资源。

为使项目成果多样化呈现，满足人民群众需要，赤峰市图书馆决定对"赤峰记忆"项目成果进行二次挖掘和创作，编辑出版《赤峰记忆》图书。第一，项目组将不带标点符号的一行行字幕文字加上标点符号、划分段落、设置小标题，使其初步成为一篇篇访谈性文章；第二，对访谈初稿进行修改完善，在保证口述历史文本特点的基础上，将一些太过口语化、重复、啰嗦的字词和片段删掉，并配上与内容相关的图片；第三，将稿件发给每位被采访者进行审阅，被采访者审阅后的文章，最后由编委会再统一把关。另外，为增加本书的可读性，我们为被采访者增加了个人介绍，还为他们画了速写，放在每篇访谈内容的篇首；同时，还对一些难以理解的词语添加了注释。因此，与视频版"赤峰记忆"相比，《赤峰记忆》图书在内容上丰富了不少。

希望本书的出版，能够助力于传承赤峰市优秀地方文化，弘扬北疆文化，坚定文化自信，铸牢中华民族共同体意识。由于编者水平有限，书中难免有错漏之处，敬请读者朋友多多包涵。

刘锦山

2024 年 12 月 18 日